DELIUS KLASING

Für meine Omi, die mit 92 Jahren noch Auto fuhr und sich jeden Morgen im Garten kalt duschte, bis der nahende Winter das Wasser im Schlauch gefrieren ließ …

RICHARD LÖWENHERZ

MIT BIKE UND BOOT ZUR BERINGSEE

DELIUS KLASING VERLAG

PROLOG

Steine poltern unter meinen Stiefeln. Es ist das lose Geröll eines Flussbetts, das sich wie eine gepflasterte Straße durch ein menschenleeres Tal zieht. Karge Bergketten umschließen es, mit graubraunen Flanken und schroffen Gipfeln, die umgarnt von mystischen Nebeln den Himmel zu berühren scheinen. Hin und wieder tröpfelt es aus den grauen Wolken, doch der richtige Regen bleibt zum Glück hinter mir und zieht in einzelnen Vorhängen ein fernes Seitental hinauf. Auch die sonst scharenweise über mich herfallenden Mücken gönnen mir ausnahmsweise mal etwas Ruhe. Für einen Moment halte ich inne, bleibe einfach mal stehen und lasse all das, was die Natur hier draußen ausmacht, auf mich wirken: Licht und Farben, Gerüche und Geräusche, den Lufthauch des Windes … Und dann höre ich sie wieder – ganz deutlich. Zwischen dem unmerklichen Säuseln der Blätter und

Unterwegs im menschenleeren Tschaantalgebirge.

Das Tal des Gillenumkyveem gibt meine Marschrichtung vor.

dem leisen Plätschern des Wassers steigt sie vielsagend empor: die Stille!

Ich befinde mich am Rande Sibiriens, am nordöstlichen Ende Russlands, in der arktischen Bergtundra nördlich des Polarkreises. Alaska – Amerika – ist inzwischen näher als der Startpunkt meiner Radreise. Mehr als 1.000 Kilometer habe ich in den vergangenen vier Wochen zurückgelegt, um dem gefühlten Ende der Welt so nahe wie möglich zu kommen. Die letzte Siedlung, in der ich noch einmal meine Proviantreserven auffüllen konnte, habe ich vor drei Wochen hinter mir gelassen. Und die letzte Piste vor fünf Tagen. Menschen habe ich seitdem keine mehr gesehen. Vollkommen offroad stiefle ich nun durch die Wildnis und schiebe mein schwer bepacktes Fatbike durch die Erlen-Aue eines abgelegenen Flusslaufs. Hier folge ich den freien Korridoren zwischen den Büschen und einzelnen Bäumen. Nur hin und wieder muss ich einen aufgezweigten Flussarm durchwaten. Ich komme gut voran, besser als erwartet. Und doch bin ich erschöpft von den Anstrengungen der zurückliegenden Tage. Bis zum nächsten Fahrweg sind es noch mehr als 200 Kilometer, zu Fuß mit einem mehr als 80 Kilogramm schweren Fahrrad also eine utopische Entfernung – wäre da nicht der Fluss, der schon bald genug Wasser führen wird. Ich habe ein *Packraft* dabei, ein kleines Schlauchboot, mit dem ich diese gewaltige weglose Distanz überwinden möchte. Ein *Bikerafting* auf einem unbekannten Wildfluss steht mir bevor!

Und so laufe ich weiter und weiter, fast ohne Pause, denn das Unbekannte zieht mich magisch an. Die Aussicht, etwas zu wagen, das zuvor wahrscheinlich noch niemand probiert hat, lässt mich mit Begeisterung nach vorne schauen. Ich bin überzeugt, dass es gelingen wird. Zu viel spricht dafür, ausgerechnet diese Route gehen zu wollen. Gute zwei Wochen bleiben mir für dieses Offroad-Experiment, denn für genau dieses Zeitfenster habe ich noch Proviant dabei. Und falls es knapp werden sollte, kann ich immer noch meine Angel auswerfen … Plötzlich höre ich ein lautes Rauschen. Ich gehe auf die Stelle zu und sehe vor mir den Flusslauf mit einer kraftvollen Strömung hinabfließen. Hier hat er sich das erste Mal vereint und scheint nun genug Wasser für ein Rafting zu führen. Auch auf das Risiko hin, dass es noch ein paar seichte Stellen geben wird, entscheide ich mich kurzerhand für den Umstieg vom Rad auf das Boot. Aus der Radtour wird nun eine Paddeltour! Ich hole mein zusammengerolltes Schlauchboot heraus, blase es mit einem Pumpsack auf und stecke mein vierteiliges Paddel zusammen. Die Gepäcktaschen und Rucksäcke landen im Bootsinneren, das Rad lege ich längs obendrauf. Für mich selbst gibt es nun kaum noch Platz im Boot, also setze ich mich auf das Heck und klemme meine Füße zwischen das Gepäck. Dann stoße ich meinen überladenen Frachtkahn vom Ufer ab, tauche mein Paddel in das glasklare Element und steuere direkt in das Fahrwasser.

Genau in diesem Moment erfasst mich die Kraft des Stromes, die mich mühelos den Fluss hinunterzieht. Ab jetzt gibt es kein Schieben, kein Waten, kein Schleppen mehr. Ich lasse mich einfach mitnehmen vom Lauf des Wassers – ein großartiges Gefühl! Mit einer berauschenden Geschwindigkeit flitze ich schwerelos über den steinigen Flussgrund. Büsche und Bäume ziehen lautlos an mir vorbei. Ich genieße die neue Perspektive auf das wilde Land und fühle mich auf einmal mittendrin. Doch ich muss auf der Hut sein. Ich bin allein in einer Gegend, in die es bisher kaum einen Reisenden verschlagen hat. So sehr ich auch recherchierte, über die bevorstehende Route zu Fluss konnte ich keinerlei Informationen finden. Ich werde mich also ganz und gar auf meine Erfahrungen und mein Gespür verlassen müssen, um stets die richtigen Entscheidungen zu treffen. Doch dann passiert etwas, das ich an diesem weltabgeschiedenen Ort nie für möglich gehalten hatte …

Als der Fluss genug Wasser führt, steige ich auf mein Schlauchboot um.

1

WIE MAN EINEN EISBÄREN VERTREIBT

Sie hat mich wieder gepackt: die Sehnsucht nach Weite, Wildnis und Wanderleben, nach neuen Erfahrungen, Begegnungen und Herausforderungen. Sehnsucht – nach neuen Abenteuern, auf eigene Faust, zu unbekannten Orten … Gut ein Jahr nachdem ich mit dem Fahrrad in die sibirische Arktis bis an das gefrorene Polarmeer fuhr, zieht es mich erneut an den Rand Eurasiens. Ich will nach Tschukotka, dem nordöstlichsten Zipfel Russlands, gleich gegenüber von Alaska! Viele Jahre schon träume ich davon, in diesen geheimnisvoll abgelegenen Landstrich einzutauchen, ihn wie ein Pionier selbst zu entdecken und zu erkunden, und mich mitnehmen zu lassen vom ursprünglichen Leben der einheimischen Bevölkerung. Dort gibt es sie noch: Menschen, die im großen Stil mit ihren Rentieren umherziehen und das ganze Jahr über in Zelten aus Tierhäuten leben. In einem riesigen Gebiet,

Neugieriger Eisbär an der Nordküste Tschukotkas.

Die zwei Lebenswelten der Tschuktschen: Die einen leben von der Rentierzucht, die anderen von der Waljagd.

das vollkommen abgeschnitten ist von der Außenwelt, erreichbar nur aus der Luft oder über das Wasser. Oder im Winter über den *Zimnik* „Arktika", einer mehrere Tausend Kilometer langen Eispiste über gefrorene Flüsse und Sümpfe, die nur von Dezember bis April eine direkte Landverbindung zum russischen Kernland bildet. Einige Autoexpeditionen sind dieser winterlichen Route bereits gefolgt, um ans Ende aller Wege zu gelangen. Manche von ihnen sogar bis an die Beringstraße, jene schier unüberwindbare Meerenge, die den eurasischen vom amerikanischen Kontinent trennt. Ihr verheißungsvolles Ziel: das Kap Dezhnev, der östlichste Punkt Eurasiens, benannt nach dem russischen Seefahrer Semjon Dezhnev, der 1648 als erster Europäer hierher gelangte. Diese letzte Landmarke befindet sich so weit im Osten, dass sie schon wieder im Westen liegt: auf 169 Grad und 39 Minuten westlicher Länge. Hier endet nicht nur der Kontinent, hier endet auch der Landweg, das Weiterkommen, die Weltkarte, die Zeitzone, das Datum. Es ist in vielerlei Hinsicht das sprichwörtliche Ende der Welt.

Als ich vor etwa zehn Jahren das erste Mal über eine Radreise in diese abgelegene Region nachdachte, glaubte ich, dass eine solche nur im Winter auf Eispisten möglich sei. Doch irgendwann entdeckte ich beim Reinzoomen in die Google-Maps-Satellitenbilder, dass es inzwischen einen aufgeschotterten Fahrweg gibt, der sich durch das komplette Land der Tschuktschen zieht: vom Dorf Anjujsk im Westen bis zur Küstensiedlung Egvekinot im Osten. Ein über 1.300 Kilometer langer Weg quer durch das weitgehend unbesiedelte Landesinnere nördlich des Polarkreises, der bis heute in keinem Atlas und keiner Karte verzeichnet ist, da er ganz offensichtlich erst nach der Jahrtausendwende gebaut wurde. Damit wurde mir auf einen Schlag klar, dass eine Radreise durch Tschukotka auch im Sommer möglich sein sollte. Anstelle einer Winterreise, eine nicht minder spannende Variante, dieses abgeschiedene Land zu erkunden – vielleicht sogar

Der Jakute Njurgun Efremov war schon dort, wo ich hinwill: mit Bike und Boot an der Nordküste Tschukotkas.

die spannendere, da fast niemand von ihr weiß. In zehn Jahren der aufmerksamen Recherche fand ich lediglich zwei Berichte, die eine sommerliche Befahrung dieser mysteriösen Schotterpiste dokumentieren. Von einem russisch-polnischen Radreiseduo, das 2006 von Egvekinot teilweise trampend bis zur Polarhafenstadt Pevek fuhr[1]. Und von einer polnischen Motorradgruppe, die es drei Jahre später schaffte, die komplette Strecke von Anjujsk bis nach Egvekinot zu fahren, nachdem sie mit Frachtschiffen über den Fluss Kolyma an den Startpunkt der Schotterpiste gelangte[2]. Zwei Berichte, die mich regelrecht anstachelten, es ihnen gleichzutun …

Und so wandert mein Finger dieser einen imaginären Linie folgend über die Landkarte des nordöstlichen Sibiriens: vom Dorf Anjujsk am Rand der Kolyma-Sümpfe nach Bilibino, der einzigen größeren Siedlung im fast unbesiedelten Landesinneren, von dort weiter durch das Tschaun-Tiefland und über das Tschuktschengebirge bis hin zum Küstenort Egvekinot an der Beringsee. Es ist die längste direkte Strecke, die ich mit dem Fahrrad durch Tschukotka fahren könnte! Doch dann blitzt mir eine verrückte Idee durch den Kopf. In Gedanken spinne ich ein paar wagemutige Alternativen durch. Gibt es da vielleicht noch die Möglichkeit einer lohnenswerten Verlängerung? Unweigerlich wandert mein Finger weiter nordwärts: von Egvekinot zu einer alten Bergbausiedlung namens Iul'tin – entlang einer Stichstraße, die kurz nach dem Zweiten Weltkrieg von Gulag-Häftlingen erbaut wurde. Kurz vor Iul'tin kreuzt diese Straße einen größeren Fluss, der wie eine Fortsetzung des Fahrweges weiter nach Norden strebt: die Amguema. Mit einem kleinen Schlauchboot im Gepäck wäre ich in der Lage, diesen Fluss bis an die Küste der Tschuktschensee hinab zu paddeln, und könnte dann noch offroad am Strand bis zum Walfängerdorf Vankarem oder gar Nutepel'men radeln. Das wäre doch ein Hammerfinale! Zumal so etwas bestimmt noch keiner gemacht hat. Denke ich mir … Bis ich Ende April 2018, etwa zwei Monate vor meinem geplanten Tourstart, eine E-Mail mit kyrillischem Text eines mir unbekannten Absenders erhalte.

Hallo Richard! Mein Name ist Njurgun. In den Jahren 2006 bis 2013 reiste ich mit Fahrrad und Kajak von Jakutsk bis zur Beringstraße (Kap Dezhnev). Ich war aber nicht durchgängig unterwegs, sondern sechsmal, für jeweils zwei Monate, als ich Urlaub bei der Arbeit bekam. Wenn du Fragen hast zu den einzelnen Teilen der Route, werde ich sie gerne beantworten. Mit freundlichen Grüßen, Njurgun Efremov[3].

Im Anhang eine Übersichtskarte mit seiner grob skizzierten Route, auf der klar zu erkennen ist, dass er im Sommer 2011 von Egvekinot nach Vankarem und Nutepel'men ging, also genau die Strecke, die ich eben noch für meine eigene, total verrückte Schnapsidee hielt. Dieser Teufelskerl! … Wie sich herausstellt, hatte er in Jakutsk von meinem Plan erfahren, und zwar von Michail Mestnikov, dem Chef der lokalen Tourfirma *inYakutia,* den ich vor drei Jahren im Vorfeld meiner ersten Wildnisexpedition zum Ochotskischen Meer kennenlernte. Michail hilft aus, wo er kann, und hat meine ambitionierten Touren seither gerne unterstützt. Diesmal bat ich ihn, eine Sondergenehmigung beim russischen Geheimdienst FSB für den Ort Tscherskij zu erwirken, der sich in der Nähe meines geplanten Startpunkts Anjujsk befindet und über einen leicht zu erreichenden Flughafen verfügt. Dieser Ort liegt nämlich in der streng kontrollierten arktischen Grenzzone Jakutiens, in die man nur mit einem sogenannten *Propusk* gelangt, einem Permit, das vom FSB genehmigt werden muss. Da sich der Antrag dafür nur vor Ort in Jakutsk einreichen lässt, war ich auf seine Hilfe angewiesen. In diesem Zusammenhang schrieb ich ihm auch ein paar Details zu meiner geplanten Route durch Tschukotka und skizzierte ebenso die Idee mit der Verlängerung nach Vankarem. Und dann fand der Plan irgendwie zu Njurgun und Njurgun zu mir.

Aber ist das jetzt schlecht für die Reisemoral, wenn eine vermutete Erstbegehung gar keine mehr ist? Nein, natürlich nicht! Ganz im Gegenteil: Dass jemand meinen verwegenen Plan schon in die Tat umgesetzt hat, bestätigt doch auf eine wunderbare Weise, dass auch verrückt erscheinende Ideen es verdienen, ernst genommen zu werden. Das Wissen darüber befeuert mich sogar in meinem Vorhaben! Zumal ich jetzt die Möglichkeit habe, aus erster Hand mehr über die Herausforderungen dieses Streckenabschnitts zu erfahren. Ein Thema lässt mich nämlich schon seit Längerem nicht mehr los: Wie ist dort die Eisbärensituation im Juli und August? Bisher schätzte ich die Lage so ein, dass sich im Hochsommer das Meereis und damit das Jagdrevier der Eisbären so weit von der Küste entfernt, dass eine Begegnung mit dem König der Arktis eher unwahrscheinlich ist. Allerdings hatte ich auch schon davon gelesen, dass sich einige Eisbären immer wieder dazu entscheiden, am Festland zu bleiben, und sich nicht wie üblich mit dem Eis aufs offene Meer hinaustreiben lassen. Durch die allgemeine Erwärmung der Arktis und das zunehmende Zurückweichen des Eises, könnte sich diese Situation durchaus verschärft haben. Njurguns Antwort darauf fällt unerwartet deutlich aus:

Schon direkt an der Mündung des Flusses Amguema kannst du auf Eisbären treffen! Sie sind immer da, sie treiben nicht weg mit dem Eis, sondern ernähren sich von toten Meerestieren am Strand. Überall an der gesamten Küste nach Vankarem kann es Eisbären geben! Auch Braunbären laufen am Strand entlang. Ein- oder zweimal am Tag wirst du mit Sicherheit diesen oder jenen begegnen.

Die Eisbären sind tagsüber gut zu erkennen, sie sind fast immer weiß, schreibt mir Njurgun weiter. *Steige auf jede Anhöhe an der Küste und inspiziere den Strand mit einem Fernglas. Wenn du einen großen weißen oder gelbgrauen Stein siehst, der seine Position ändert, dann ist es ein Eisbär. Da du ihn natürlich nicht stören oder bedrängen solltest, vor allem wenn er etwas frisst, ist es ratsam, ihn entlang der Tundra oder auf der Lagune zu umgehen. Auf dem Seeweg wirst du nicht vor ihm davonschwimmen können, auf der Jagd schwimmt er kurze Strecken schnell wie ein Motorboot! Wenn du ihn im Wasser triffst, solltest du nicht dein Paddel schwingen, es ist besser, sich von Wind und Strömung an ihm vorbeitreiben zu lassen. Im Meer schwimmend drückt er seine Ohren an den Kopf und verschließt seine Augen, deshalb kann es sein, dass er dich in der Ferne nicht bemerkt. Falls du keine Möglichkeit hast, den Eisbären zu umgehen, warte, bis er von alleine verschwindet oder vertreibe ihn von Weitem mit Schüssen aus der Raketnitsa (Signalstift zum Abfeuern von Leuchtpatronen). Sei ansonsten vorsichtig, wenn du dich Gruben oder Hügeln näherst – dort verstecken sich gerne Eisbären mit ihren Jungen vor dem Wind, um die Nacht zu verbringen.*

Das sind schon mal eine Menge hilfreiche Tipps. Aber was, wenn es doch mal zu einer direkten Konfrontation kommt? Ich hake nach, und nun folgt eine lange Antwort mit sehr detaillierten Verhaltenstipps. Schon ein Jahr zuvor hatte sich Njurgun die Mühe gemacht, all sein Wissen für eine allein reisende Frau zusammenzutragen. Doch die Korrespondenz verschwand unwiederbringlich, und so muss er sich noch einmal von Neuem erinnern, was ihm die Tschuktschen einst beigebracht hatten:

Wenn ein Eisbär plötzlich in deiner Nähe erscheint, dann raten die Tschuktschen, einen hellen Stock in einem Winkel von 45 Grad vor sich in die Höhe zu heben, damit er den Walrosszähnen ähnelt, die zur Verteidigung erhoben werden. Der Bär wird dann versuchen, dich von der Seite anzuspringen. Dementsprechend drehst du dich zu ihm, mit dem Stock in seine Richtung. Ein Eisbär springt übrigens nicht ohne Vorbereitung. Wenn er springen will, legt er sich flach auf den Boden, die Ellbogen seitlich ausgestreckt, den Kopf nach unten geneigt und die Ohren an den Kopf gepresst. Fast genau wie eine Katze, die sich zum Sprung bereitmacht. Ein Eisbär springt bis zu 20 Meter weit. Aber meist schnüffelt er zuerst und nähert sich dabei auf zehn bis fünf Meter, von dort kann er dann versuchen, dich anzu-

»In der offenen Tundra halte für die Nacht besser nicht an. Gehe, bis du eine Hütte vorfindest, gehe notfalls einen ganzen Tag ohne Schlaf, aber versuche, eine Hütte zu finden. Wenn du dich einer Hütte näherst, wirf Steine auf sie und schreie.«

springen. In diesem Fall ist es notwendig, laut zu zischen, halb zu pfeifen und dabei in die Hocke zu gehen, um einen unangenehmen Ton zu erzeugen. Kombiniere diesen Trick mit dem erhobenen Stock (es kann auch ein Paddel sein). Oder schreie mit unangenehmer Stimme und schlage auf einen Topf oder anderes Metall – Eisbären mögen keine metallischen Klänge. Du kannst auch versuchen, Steine auf ihn zu werfen. Persönlich habe ich keine Steine geworfen. Es ist Kotschnev, der so verfährt, er tritt sie mit seinen Füßen.

Anatoli Kotschnev ist in Russland ein bekannter Wissenschaftler, ein Spezialist, was Eisbären und Walrösser in Tschukotka angeht. Schon seit 35 Jahren widmet er sich der Erforschung dieser Tiere, ihres Verhaltens und ihrer Lebensräume. Zehn Jahre war er auf der Wrangelinsel stationiert, einem großen Inselreservat höchster Schutzkategorie, das sich nördlich von Tschukotka inmitten der Tschuktschensee befindet und als größte Geburtsstube der Eisbären gilt. Auch ihn schreibe ich an, frage nach Abwehrmethoden und wo man welche Abwehrmittel bekommen kann. Ein freundlicher Kerl, der mir auf Englisch antwortet und mich ebenfalls animiert, eine *Raketnitsa* mitzunehmen. Unzählige Stunden verbringe ich auf seinem Blog, in dem er viele nützliche wie geistreiche Beiträge zum Thema Eisbärenabwehr verfasst hat[4]. Bemerkenswert ist: In all seinen Forscherjahren hat er nie eine tödliche Waffe gegen einen Eisbären einsetzen müssen, oft hatte er auch gar keine dabei. Und er lebt noch! Wahrscheinlich hat auch Njurgun ihn konsultiert, bevor er zu seiner letzten Etappe aufgebrochen ist.

Ich bitte Njurgun noch um Informationen, ob die Bären auch nachts auf Nahrungssuche gehen, ich am Strand mein Zelt aufbauen kann oder ob es irgendwelche Fischerhütten gibt.

In der offenen Tundra halte für die Nacht besser nicht an. Gehe, bis du eine Hütte vorfindest, gehe notfalls einen ganzen Tag ohne

Von Njurgun erfahre ich, dass im Sommer viele Eisbären an der Küste bleiben, um sich von toten Meerestieren zu ernähren.

Schlaf, aber versuche, eine Hütte zu finden. Wenn du dich einer Hütte näherst, wirf Steine auf sie und schreie. Sehr oft graben die Küstenbären Löcher unter die Hütten und verstecken sich darin vor dem Wind oder übernachten dort. Bereite viel Brennholz für die Nacht vor. Wenn ein Bär kommt, besonders bei schlechtem Wetter, kann es sein, dass er die ganze Nacht herumläuft und aus der Dunkelheit knurrt, wütend, dass du seine Hütte besetzt hast. Vor allem Bären mit Jungtieren mögen es gar nicht, wenn man ihre Hütte in Beschlag nimmt. Einmal habe ich die Bären die ganze Nacht mit einem hellen Lagerfeuer vertrieben. Sobald das Feuer schwach wurde, versuchten sie, näher an ihre Hütte heranzukommen. Es ist auch nicht ratsam, in besonders gemütlichen Ecken, in den trockenen Rinnen eines Baches oder an gut vor dem Wind geschützten Orten ein Zelt aufzuschlagen. Es ist sehr wahrscheinlich, dass ein Bär kommt und dort übernachten wird.

Ansonsten: Leg dich nicht in die Tundra! Jedes liegende Objekt wird von einem Eisbären als Robbe oder Walross wahrgenommen, und sein Jagdinstinkt wird ausgelöst. Daher legen sich die Tschuktschen und Eskimos auf der Jagd niemals auf Schnee oder Eis, in der Nähe kann immer ein Eisbär sein. Die Jäger schlafen sogar an einen Hügel gelehnt, sie liegen niemals waagerecht! Und ihren Platz zum Schlafen umgeben sie mit einem dünnen Seil, das ungefähr in einer Höhe von einem Meter gespannt ist. Nach landläufiger Meinung steigt der Bär nicht darüber und kriecht auch nicht darunter. Er schnüffelt daran und versucht, es zu umgehen.

Ich bin total fasziniert von Njurguns Erzählungen! Während ich seine Zeilen lese, fliege ich in Gedanken über diese fremde Welt im arktischen Norden, immer und immer wieder, um sie in meiner Vorstellung vertrauter werden zu lassen. Bis ins letzte Detail versuche ich mich in all die beschriebenen Situationen hineinzuversetzen, um ein Gefühl dafür zu entwickeln, auf was ich alles vorbereitet sein muss. Und doch bleibt ein gewisses Unbehagen, denn erst die reale Begegnung mit einem Eisbären wird zeigen, wie gut ich diesen Kosmos an Ratschlägen und Tipps verinnerlicht haben werde. Andererseits: Ein Restrisiko wird es immer geben, man kann nicht auf alles eine unmittelbare Antwort haben. Sich genau damit zu arrangieren – das ist der Kern eines jeden Abenteuers.

Dann frage ich Njurgun noch, ob er Ende Juni in Jakutsk sein wird, denn hier werde ich während meines Hinflugs meinen ersten Zwischenstopp einlegen. Es wäre eine tolle Sache, ihn auch mal persönlich kennenzulernen. Doch dann schreibt er mir, dass er schon längst in den Bergen ist, wo er den Sommer und Herbst über als Geologe arbeitet. *Ich denke, wir können uns immer noch eines Tages auf diesem Planeten treffen – Menschen mit solchen Hobbys, wie du und ich, gibt es nur einmal unter zig Millionen!*, fügt er hinzu. Damit deutet er etwas an, das mir noch nicht in den Sinn gekommen ist, die bevorstehende Zeit aber nachhaltig prägen wird. Denn es werden vor allem die zufälligen Begegnungen sein, die diese Reise zu einer unvergesslichen werden lassen – Begegnungen mit außergewöhnlichen Menschen, die sich vom nordöstlichen Ende der Welt gleichsam magisch angezogen fühlen.

2

AN DEN RAND JAKUTIENS

Als im 17. Jahrhundert die Kosaken in das ferne Sibirien kamen und am Ufer der Lena einen Außenposten für den Pelzhandel errichteten, war der Grundstein für die Stadt Jakutsk gelegt und mit ihr eine weitere Expansion des Russischen Zarenreiches. Jakutsk diente fortan als Ausgangspunkt für all jene Expeditionen, die noch tiefer in den unerschlossenen Nordosten des Landes führen sollten, und war damit von Beginn an sowohl strategisch als auch logistisch von Bedeutung. Im Grunde ist das immer noch so, denn wer in den nordöstlichsten Winkel Russlands reisen möchte, kommt auch heute nicht umhin, einen Zwischenstopp in der Hauptstadt Jakutiens einzulegen. Und so quartiere auch ich mich hier für ein paar Tage ein, um mich bestmöglich für die Weiterreise nach Tschukotka vorzubereiten.

Schamanische Zeremonie beim Sonnenfest Ysyach.

Mein Gepäck besteht aus drei Teilen: aus meinem Fahrrad und zwei randvollen wasserdichten Tragesäcken, in denen sich meine gesamte Ausrüstung befindet. Mit dem Handgepäck, das ich in eine der vier Radtaschen verfrachtet habe, sind das insgesamt 75 Kilogramm. Etwa acht Kilogramm gehen auf meine Paddelausrüstung, die neben dem Packraft und dem vierteiligen Paddel noch einen Trockenanzug, ein russisches Watstiefel-Paar und eine aufblasbare Schwimmweste enthält. Das alles lasse ich in einer Gepäckaufbewahrung direkt im Flughafen zurück, da ich in Jakutsk noch nichts davon brauchen werde. Ich möchte hier nur ein paar wichtige Dinge besorgen und dann weiter nach Tscherskij fliegen. Das Ticket für diesen Anschlussflug kaufe ich mir an der nächstbesten *Aviakassa.*

Dann verlasse ich das Gebäude und begebe mich zum Busplatz. Die Linie 4 bringt mich in die sieben Kilometer entfernte Innenstadt. Den ersten Tag bin ich bei Tatjana und ihren Töchtern Sina und Aljona eingeladen, die ich vor elf Jahren während meiner ersten Jakutien-Reise kennengelernt habe. Als ich ankomme, ist der Tisch schon gedeckt, es duftet nach landestypischen Köstlichkeiten. Aljona bereitet gerade einen Tee vor. Beim Essen kommen wir ins Gespräch. Tatjana spricht kein Deutsch und auch kein Englisch, also versuchen wir uns auf Russisch auszutauschen. Hin und wieder springt Aljona ein und übersetzt, denn sie arbeitet an der Schule als Englischlehrerin. Ich erfahre, dass es ein Fest gibt – das *Ysyach* (jakutisch „Ыhыах"). „Ja, es ist das wichtigste Fest des Jahres. Eine Art Neujahrsfest oder auch Sommerfest, das immer während der längsten Tage des Jahres stattfindet. Du solltest es dir unbedingt anschauen! Sina ist schon dort und erwartet dich. Wenn du gegessen hast, rufen wir ein Taxi, das dich hinbringt." Sie selbst wollen nicht mitkommen, also mache ich mich kurz darauf alleine auf den Weg.

BEIM SONNENFEST YSYACH

Es geht nach Norden aus der Stadt heraus. Bis zur Festwiese *Us Chatyn* sind es etwa 20 Kilometer, gegen 18 Uhr komme ich an. Vom staubigen Parkplatz führt eine Fußgänger-Holzbrücke direkt aufs Festgelände. Im ersten Moment bin ich regelrecht erschlagen von den Menschenmassen, es geht zu wie auf einem überdimensionierten Rummel. Neben etlichen Verkaufsständen mit traditionellem Kunsthandwerk werden Sportwettkämpfe, Pferderennen und Tanzaufführungen geboten. Ein Großteil der Besucher kommt in traditionellen farbenfrohen Gewändern. Auch Sina hat sich festlich gekleidet und trägt ein langes weißes Kleid. Wir treffen uns wie vereinbart in einem Bereich mit prächtigen Holzhütten und schlendern gemeinsam über den riesigen Platz.

Überall schmücken bunte Bänder die Hütten, Jurten und Totems, um sie vor den bösen Geistern zu schützen. Zwischen diesen sehen wir eine größere Gruppe an Menschen, die sich zum Sonnentanz *Osuochaj* zusammengefunden hat. Mehrere Kreise bildend, fassen sie sich an die Hände und tanzen singend Runde um Runde ihren Reigen. Ganze zwei Tage soll dieser Tanz andauern – ununterbrochen, ohne Pause! Er symbolisiert den Kreislauf des Lebens und die Einheit der Menschen. In unmittelbarer Nähe befindet sich auch ein riesiges hölzernes Abbild des Weltenbaums *Aal Luuk Mas,* der in der jakutischen Mythologie das Zentrum der Welt verkörpert. Hier legen die Besucher ihre Hände auf und schreiten mit teils geschlossenen Augen im Uhrzeigersinn herum, um sich etwas zu wünschen. Auch ich begebe mich zu diesem Baum und wünsche mir gutes Gelingen bei der Umsetzung meines Reiseplans.

Wir bleiben bis in die Nacht hinein, denn um zwei Uhr morgens soll hier noch ein besonderes Ritual abgehalten werden. Als es so weit ist, begeben wir uns zu einem abgegrenzten Platz am Rand der Festwiese, etliche Menschen

Rhythmische Trommeln ertönen, begleitet von archaischen Naturlauten aus menschlichen Kehlen. Eine Gruppe junger Frauen erscheint, blütenweiß erstrahlen ihre luftigen Gewänder. Mit grazilen Bewegungen schweben sie über die vernebelte Wiese und imitieren voller Anmut den Tanz der Schwäne.

haben sich hier schon versammelt. Im fahlen Dämmerlicht sehen wir eine Handvoll junger Frauen in farbigen Gewändern andächtig über den kreisrunden Platz schreiten. Jede von ihnen trägt ein Schälchen in den Händen, aus denen rauchige Schleier emporsteigen, die sich allmählich zu einem mystischen Nebel verdichten. Rhythmische Trommeln ertönen, begleitet von archaischen Naturlauten aus menschlichen Kehlen. Eine weitere Gruppe junger Frauen erscheint, blütenweiß erstrahlen ihre luftigen Gewänder. Mit grazilen Bewegungen schweben sie über die vernebelte Wiese und imitieren voller Anmut den Tanz der Schwäne. Nach einer Weile weichen sie an den Rand und es kommen entschlossenen Schrittes ein paar Männer hinzu. Sie tragen helle lange Mäntel mit spitzen Zipfelmützen und positionieren sich um einen Haufen Holzscheite im Zentrum des Platzes. Ehrfürchtig recken sie ihre Arme dem Firmament entgegen, murmeln ein paar Gebetsformeln und entfachen schließlich ein Feuer. Lichterloh steigen die Flammen in den Himmel, während plötzlich Tausende Menschen schweigend ihre Hände erheben – der aufgehenden Sonne entgegen.

Es ist der Höhepunkt des Ysyach-Festes. Mit dieser Sonnenaufgangszeremonie huldigen die Jakuten den Göttern und Geistern des Landes, der Wiederbelebung der Natur, dem Höhepunkt des Lichts. Es ist faszinierend zu sehen, wie sich eine halbe Stadt zu einem heidnischen Zeremoniell versammelt und dieses voller Stolz und Überzeugung feiert – Junge wie Alte, Reiche wie Arme, Menschen aus allen Schichten der Gesellschaft, Jakuten vor allem, aber auch einige wenige Russen. Westliche Touristen sehe ich so gut wie keine, zumindest sind sie nicht erkennbar für mich.

Schon bei meinem ersten Besuch in Jakutien, während einer Radreise vom Baikalsee zum Kältepol Ojmjakon im Jahr 2007, hatte ich das Gefühl, mitten in Russland plötzlich in ein anderes Land mit einer fremden Kultur einzutauchen. Überall traf ich auf Menschen mit asiati-

Buntes Treiben auf der Festwiese Us Chatyn. Mit Sina bleibe ich, bis die aufgehende Sonne begrüßt wird.

schen Gesichtszügen, die ihre eigene Sprache sprechen, ihre eigene Musik hören. Die Jakuten sind keine Minderheit in ihrem Land – sie machen mehr als die Hälfte der Bevölkerung aus. In der westlichen Provinz, entlang der Viljuj-Trasse, schien mir sogar, dass manche der Dorfbewohner mehr schlecht als recht Russisch sprechen, da es in ihrem Alltag kaum eine Rolle spielt. Aber auch sonst faszinierte mich das Land der Jakuten, das mit vielen kleinen Eigenheiten meine Aufmerksamkeit auf sich lenkte: durch die hölzerne Schnitzkunst mancher Pfeiler, die bunten Fähnchen an bestimmten Bäumen und Büschen und durch die sieben zusätzlichen Buchstaben im kyrillischen Alphabet. Auf jener Reise lernte ich auch Sinas Familie kennen. Sina selbst traf ich erst einige Jahre später in Deutschland, als sie von Siegen nach Berlin zog, um dort weiterzustudieren. Ein paar Semester waren wir Nachbarn im selben Studentenwohnheim. Nachdem sie wieder zurück in ihre Heimat gegangen war, sahen wir uns nur noch alle paar Jahre – immer dann, wenn es mich in den Osten Sibiriens verschlug und mich die Hin- oder Rückreise über Jakutsk führte. Nun stehe ich wieder hier, zusammen mit ihr, diesmal bei einem religiösen Fest, das mir gerade einen bewegenden Einblick in das Herz der jakutischen Kultur ermöglicht hat.

BESORGUNGEN IN JAKUTSK

Am nächsten Tag kommen wir erst wieder in die Gänge, als die Sonne schon ihren Zenit überschritten hat. Für die Reise nach Tschukotka gibt es noch einiges vorzubereiten. Zwei Tage bleiben mir, bis ich in den nächsten Flieger steige. Das Wichtigste ist zunächst der Propusk für Tscherskij, der es mir erlaubt, diesen Ort zu betreten. Michail hatte mir schon bestätigt, dass das Dokument ausgestellt wurde und bei ihm zur Abholung bereit liegt. Erst eine Woche vor meinem Abflug in Berlin bekam ich die Info. Das ist auch der Grund, warum ich das Ticket für meinen Weiterflug nicht schon früher gekauft habe. Ich wusste bis zum Schluss nicht, ob ich Tscherskij als Startpunkt für meine Fahrt nach Osten wählen kann. Oder ob ich vielleicht auf das 350 Kilometer weiter im Südwesten gelegene Srednekolymsk ausweichen muss, um dann per Schiff über den Fluss Kolyma an den Beginn der Piste zu gelangen. Diese alternative Anreisevariante, die an Tscherskij vorbeigeht, wäre nämlich ohne einen speziellen Propusk möglich gewesen, hätte mich aber unter Umständen deutlich mehr Zeit gekostet, da es keinen regulären Schiffsverkehr auf der Kolyma gibt.

Eigentlich standen die Chancen ziemlich schlecht, die Genehmigung zu bekommen. Bearbeitet wurde der Antrag nämlich vom stellvertretenden Leiter der FSB-Abteilung Tiksi, wo man sich natürlich an meinen Besuch vom letzten Jahr erinnerte. Wahrscheinlich erinnerte man sich auch an den Sachverhalt, dass ich unterwegs wegen meines Geschäftsvisums verhört und bestraft wurde, denn als „Tourist“ hätte ich offiziell kein Geschäftsvisum haben dürfen. Für die jetzige Reise habe ich mir allerdings wieder ein solches besorgt. Es führt kein Weg daran vorbei, denn Touristenvisa sind nach wie vor auf maximal 30 Tage begrenzt – für mein aktuelles Vorhaben in Tschukotka benötige ich aber mindestens zwei Monate! Und da der FSB diesmal schon vorab eine Kopie des Visums haben wollte, wussten die Beamten natürlich Bescheid und bemängelten gleich zu Beginn die Unvereinbarkeit meines Reiseziels mit der gewählten Visakategorie. Umso größer mein Erstaunen, als ich dann doch noch grünes Licht bekam … „Die Strenge russischer Gesetze wird gemildert durch die Wahlfreiheit ihrer Umsetzung“, heißt es in einem Zitat, das ich mal irgendwo aufgeschnappt habe. Möglich, dass ich mir durch meine bisherigen Russlandreisen schon ein gewisses Vertrauen erarbeiten konnte. Oder hat Michail vielleicht ein gutes Wort für mich eingelegt? Wie auch immer, ich habe das Dokument bekommen, das ist die Hauptsache! Ich muss es mir nur noch aushändigen lassen. Da Michail gerade nicht da ist, hatte Sina das Papier schon bei ihm abgeholt, nun überreicht sie es mir. Vieles wäre ohne die hilfreichen Kontakte vor Ort schwierig bis unmöglich.

Für die zweite und dritte Übernachtung in Jakutsk wechsle ich in eine gebuchte Unterkunft – ins „Guest House Voyage" am Prospekt Lenina (übersetzt „Leninallee"). Wobei der Begriff „Gästehaus" ein wenig irreführend ist, denn diese Unterkunft ist im Grunde eine klassische Wohnung mit mehreren Zimmern und befindet sich direkt in einem der typischen Wohnblöcke des Stadtzentrums. Meinen Ansprüchen genügt das aber vollkommen, denn ich brauche einfach nur einen Platz, an dem ich mich ungestört ausbreiten kann. Einen Großteil des Proviants will ich schon beschaffen, vor allem, was ich hoch oben im Norden nur noch schwer oder gar nicht mehr bekommen würde. Sobald ich Jakutsk verlasse, gibt es auf meiner Route nur noch zwei Einkaufsmöglichkeiten: in Tscherskij und in Bilibino. Der Proviantplan sollte also gut kalkuliert sein. Ich erstelle mir eine lange Liste mit dem, was ich jetzt und was ich später noch kaufen will, damit ich für die rund 1.100 Kilometer lange „Durststrecke" von Bilibino bis Egvekinot bestens vorbereitet bin. Etwa fünf Wochen rechne ich für diesen Abschnitt, da sollte es an nichts fehlen, um jeden Tag satt werden zu können.

Am nächsten Tag ziehe ich los, besorge mir eine SIM-Karte, tausche Geld und begebe mich schließlich in den *Gipermarket* „Uluru Mall", einem riesigen Supermarkt, in dem ich problemlos alles finde, wonach ich suche. Mehr als 15 Kilogramm Lebensmittel kommen fürs Erste zusammen – fürs Frühstück: 1.600 g Hafer, 1.500 g Grieß, 1.250 g schwarze Rosinen, 800 g Zucker; fürs Abendessen: 1.350 g Nudeln, 800 g Reis, 500 g Salz (auch zum Haltbarmachen von geangeltem Fisch), 32 Brühwürfel, 3 Knoblauchknollen, 1 Liter Sonnenblumenöl; für unterwegs: 1.400 g Salami, 250 g Speck, 600 g Datteln, 500 g gelbe Rosinen, 500 g Erdnüsse, 400 g Walnüsse, 500 g Halva, 1.000 g Lebkuchen, 500 g Honig sowie ein paar Schoko- und Müsliriegel. Aus Berlin hatte ich mir schon mitgebracht: 550 g Eipulver, 500 g Milchpulver, 480 g Trockengemüse, ein paar Kräuter und Backpulver zum Brotbacken. Damit bin ich schon bestens aufgestellt und bräuchte in Bilibino nur noch ein paar Kleinigkeiten nachkaufen. Da ich mit 600 Gramm Trockennahrung pro Tag rechne und mich auf den folgenden 1.100 Kilometern geschätzte fünf Wochen lang selbst versorgen muss, sollte ich spätestens dort etwa 21 Kilogramm Proviant an Bord haben!

Dann mache ich mich noch auf die Suche nach Leuchtpatronen für meine *Raketnitsa*. Die Erfahrung hat gezeigt, dass diese kleinen Patronenkörper von den Gepäckscannern der Flughäfen nicht als Gefahrgut erkannt werden, sowohl im Aufgabe- als auch im Handgepäck. Also ergibt es durchaus Sinn, diese schon hier in Jakutsk zu beschaffen. Ich klappere mehrere Jagdläden ab, erst im dritten werde ich fündig. Zu meiner Überraschung erkennt mich der Verkäufer. „Du bist doch derjenige, der letztes Jahr mit dem Rad nach Tiksi gefahren ist!?" Über meinen Wintertrip war in der Lokalpresse berichtet worden, und selbst nach über einem Jahr erinnert er sich noch daran. „Darf ich ein Foto von uns machen?", fragt er noch. Etwas widerwillig schlüpfe ich in die Rolle des vermeintlichen Stars und grinse mit erhobenen Daumen in seine Kamera. Gut, dass es diesmal keinen Medienrummel um meine geplante Tour gibt.

WEITERFLUG NACH TSCHERSKIJ

Am Morgen des 26. Junis steige ich in eine kleine Propellermaschine aus Sowjetzeiten, eine Antonow 24. Außer mir trauen sich noch 16 weitere Passagiere in den rustikalen Oldtimer. Wir nehmen Platz im hinteren Teil des Flugzeugs. Die Crew sorgt dafür, dass wir uns gleichmäßig verteilen, damit es während des Fluges keine Schlagseite gibt. Im vorderen Teil, direkt am Eingang, befindet sich bereits ein großer Berg an Gepäck. Es ist ab-

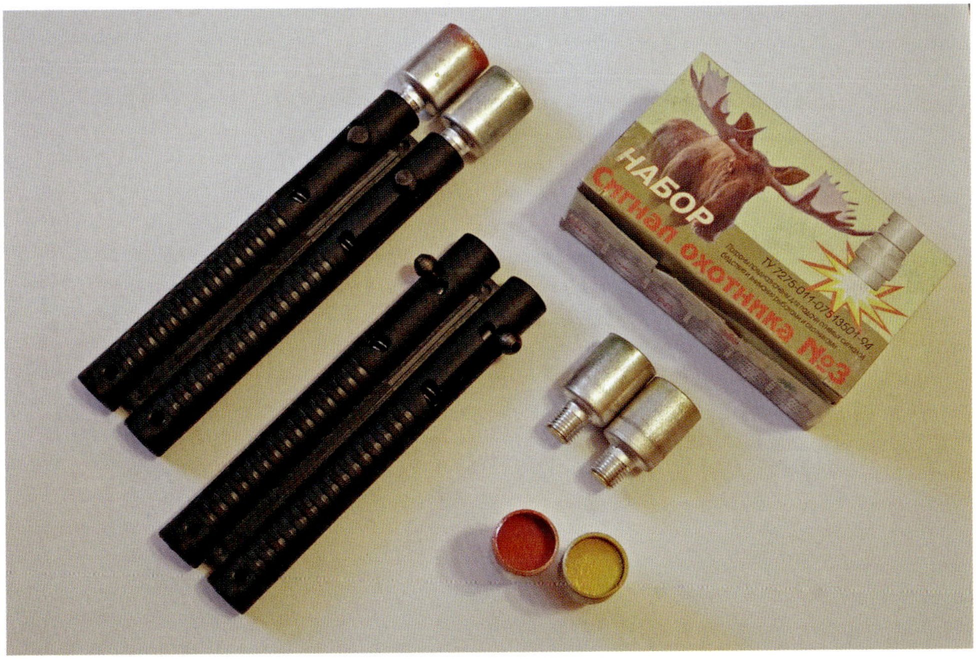

In Jakutsk besorge ich mir schon einen Großteil des Proviants und ein paar Leuchtpatronen für meine Raketnitsa.

In der Antonow über der Hochwasser führenden Kolyma.

gedeckt mit einer Plane, die einen Geruch von Jagdhütte verbreitet. Aus dem Lautsprecher ertönt eine Ansage auf Englisch. Offenbar nur für mich, denn die anderen wirken so routiniert, dass man ihnen keine Hinweise mehr geben muss. Schließlich heulen die Motoren auf und die Maschine hebt ab. Ich habe einen Fensterplatz auf der linken Seite und sehe unter mir die Landschaft dahinziehen. Gleich zu Beginn überfliegen wir die Lena, den größten Strom Sibiriens, der hier bereits mehrere Kilometer breit ist. Dann folgt die jakutische Tiefebene mit ihrer endlosen Lärchentaiga, in die sich Tausende kleine Sumpfseen einfügen. Ich klebe förmlich an der Fensterscheibe und starre gebannt in die unendliche Weite. Irgendwo dort unten schlängelt sich die Kolyma-Trasse durch das wilde Land. Es ist die letzte Fernverkehrsstraße Russlands, die in Magadan am Ochotskischen Meer ihr Ende findet. Alles, was sich nördlich und östlich dieser Trasse befindet, ist im Sommer praktisch unzugänglich. Keinerlei Wege führen hier durch die Wildnis – auf Tausenden Kilometern!

Dann taucht der Fluss Tompo auf und hinter ihm die südlichen Ausläufer des Werchojansker Gebirges. Karg und eintönig wirken die Berggipfel, ganz anders, als ich sie während meiner letztjährigen Winterreise erlebte. Damals erstrahlten die Gipfel in einem blendenden Weiß kontrastvoll zum tiefblauen Himmel. Wir haben eine Flughöhe von 7.000 Metern. Schauerwolken quellen über den Bergen empor, wir fliegen direkt hindurch. Für eine Weile ist nichts zu sehen, nur hin und wieder erlaubt das dichte Gewölk einen kurzen Blick auf die endlos erscheinende Berglandschaft. Dann tauchen am Nordhorizont ein paar schneebedeckte Zweitausender auf, die Hauptkette des Tscherskigebirges, während unter uns ein aufgewühltes Flussbett eine der vielen Goldminen der Region erahnen lässt. Kurz darauf folgt der Strom Indigirka, umgeben von einer herrlichen Bergszenerie. Von hier ist es nicht mehr weit bis zum Pik Pobeda. Mit 3.000 Metern ist er der höchste Berg Ostsibiriens, wir fliegen nur knapp an ihm vorbei. Dahinter erkenne ich noch den Fluss Moma, doch dann verliert sich unser Flieger in einer undurchsichtigen Wolkenmasse. Wir sind schon fast am Ziel, da zeigen sich wieder ein paar Lücken, durch die ich das Sumpfland der Kolyma mit seinen unzähligen Mäanderschleifen erkennen kann. Es scheint komplett überflutet zu sein, die Grenze zwischen Land und Wasser ist nicht wirklich auszumachen. Schließlich taucht der Hauptlauf der Kolyma auf. Er zeigt sich als riesiger Strom, bestehend aus einer braunen Brühe, die das Flussbett vollkommen ausfüllt. So sieht also das Frühjahrshochwasser aus, in diesem Jahr sei es sogar außergewöhnlich hoch. Im letzten Winter gab es extrem viel Schnee, der erst vor Kurzem komplett abgetaut ist. Und vor drei Wochen befand sich sogar noch Eis auf der Kolyma.

Das Flugzeug ist schon ziemlich weit unten, als ein Crewmitglied durch die Reihen geht und einige Passagiere bittet, sich nach vorne umzusetzen – für einen besseren Schwerpunkt beim Landeanflug. Wenige Minuten später schweben wir schon dicht über der braunen Wasseroberfläche auf die Silhouette einer Siedlung zu. Es ist Tscherskij, das sich auf einer Anhöhe direkt an der Kolyma befindet. Rumms! Die Antonow setzt auf und bremst sich über die Rollbahn. Vier Stunden hat dieser Inlandsflug gedauert, zwei Zeitzonen und mehr als 1.600 Kilometer sind damit überbrückt. Eine Distanz wie von Berlin nach Moskau, und doch befinde ich mich immer noch in der „Autonomen Republik Sacha", wie Jakutien offiziell genannt wird. Es ist ein beeindruckend großes Land, fast neunmal so groß wie Deutschland, mit nur einer Million Einwohnern, von denen ein Drittel etwa in der Hauptstadt Jakutsk leben. Jetzt befinde ich mich am äußersten Rand dieser dünn besiedelten Republik. Ab hier wird es nun noch einsamer, denn im autonomen Bezirk Tschukotka, der die doppelte Fläche von Deutschland hat, leben insgesamt nur noch 50.000 Menschen.

ДВИГАТЕЛЯ

3

ZWISCHENSTOPP PLEISTOZÄN PARK

Als ich zusammen mit den anderen Passagieren der Antonow entsteige, weht mir ein frischer Nordwestwind um die Nase. Es riecht nach Meer, man spürt förmlich das arktische Klima. Der Sommer in Jakutsk brachte es schon auf 27 °C, hier in Tscherskij, weit nördlich des Polarkreises, sind es gerade mal 8 °C. Ein paar Uniformierte der örtlichen Grenzschutzabteilung geleiten uns zu Fuß über das Rollfeld direkt zum Ausgang des Flughafens. Dort stehen wir dann in der zugigen Kälte und warten auf unser Gepäck, eine Wartehalle scheint es hier nicht zu geben. In der Zwischenzeit kontrollieren die Hüter der arktischen Außengrenze unsere Pässe. Natürlich wollen sie auch den Propusk sehen. Als ich das Papier aus der Dokumentenmappe ziehe, flattert es mir fast davon. Der Beamte wirft einen kurzen Blick darauf und klemmt es in den Pass. Wenn jetzt irgendetwas nicht stimmt, kann es sein, dass

Ein Wisent durchstreift seinen neuen Lebensraum.

ich wieder zurück nach Jakutsk fliegen muss. Doch es gibt zum Glück nichts zu beanstanden, schon nach wenigen Minuten erhalte ich Pass und Propusk zurück.

Plötzlich steht ein charismatischer alter Mann vor mir – mit Rauschebart und langen grauen Haaren, die zu einem Zopf gebunden sind. Er spricht mich zielsicher auf Englisch an: „Hallo, ich bin Sergej Zimov. Ich bin hier, um dich abzuholen und zu meinem Haus zu bringen.“ Sergej ist Wissenschaftler, ein international anerkannter Experte für arktische Ökosysteme und Leiter der Northeast Science Station, die sich in unmittelbarer Nähe von Tscherskij befindet. Zufällig hatte ich zu Beginn des Jahres eine *arte*-Doku über ihn und sein außergewöhnliches Projekt „Pleistozän Park“ gesehen[5]. In einem großen Feldexperiment versucht er mit ein paar wenigen Mitstreitern nichts Geringeres, als die „Mammutsteppe“ wieder auferstehen zu lassen. Was im Grunde bedeutet, die heutige Taiga und Tundra in ein fruchtbares Weideökosystem, ähnlich der afrikanischen Savanne, umzuwandeln. Und zwar so, wie es zuletzt im Eiszeitalter des Pleistozäns vorherrschte, als noch Mammuts, Wollnashörner, Bisons und Yaks, vor allem aber auch Pferde und Rentiere durch das arktische Sibirien streiften. Nach seiner Hypothese würde es die pleistozäne Steppentundra noch immer geben, wenn der schon damals hier lebende Mensch die großen Pflanzenfresser nicht überjagt und damit auch zu ihrem Verschwinden beigetragen hätte. Um das zu beweisen, hatte er bereits Ende der 1980er-Jahre damit begonnen, in einem eingezäunten Areal inmitten der Kolyma-Sümpfe eine Reihe größerer Tiere anzusiedeln. Dafür holte er neben den in diesem Gebiet natürlich vorkommenden Elchen und Rentieren vor allem eine größere Anzahl kälteresistenter Jakuten-Pferde in den „Pleistozän Park“, wie er seit 1996 offiziell genannt wird. Erst kürzlich kamen noch ein paar Schafe, einige Yaks und ein Wisent hinzu.
Damit gelang es ihm zu zeigen, dass eine ausreichend dichte Population an großen Pflanzenfressern auch in der heutigen Zeit eine fruchtbare Steppentundra entstehen lassen kann. Mit dem positiven Nebeneffekt, dass die konsequente Beweidung auch zum Erhalt des Permafrostbodens beiträgt. Denn dort, wo die Taiga und die übliche Tundra zurückgedrängt und durch Grasland ersetzt werden, herrscht eine höhere Rückstrahlung der Sonnenenergie, sodass sich der Boden im Sommer nicht mehr so stark aufwärmen kann. Und im Winter durchbrechen die weidenden Tiere stets die schützende Schneedecke und sorgen damit für eine zusätzliche Auskühlung des Untergrundes. Im Rahmen des Projekts hat man bereits festgestellt, dass der Permafrostboden innerhalb des eingezäunten Bereichs, in dem die Tiere weiden, um einige Grad kälter ist als außerhalb. Damit wären die Weidetiere auch ein natürliches „Werkzeug“ im Kampf gegen die rapide zunehmende Klimaerwärmung der Arktis. Denn wenn das aktuell voranschreitende Auftauen der Permafrostböden nicht gestoppt werden kann, wird sich das über Jahrtausende im Eis konservierte Pflanzenmaterial nach und nach zersetzen und die Emission von Treibhausgasen um einiges beschleunigen. „Es ist eine tickende Zeitbombe“, wie Sergej sagt. „Sie lässt sich zwar nicht entschärfen, aber die Explosion kann man verhindern.“ Das Problem ist nur, dass sich die Steppentundra in der gesamten Arktis etablieren müsste, um das allgemeine Tauen des Permafrostes zu stoppen oder wenigstens zu verlangsamen. Man bräuchte Millionen von großen Pflanzenfressern, um einen spürbaren Gegeneffekt auf die aktuelle Klimaerwärmung zu bekommen.

Damit ist die Vision des „Pleistozän Parks“ zwar eine handfeste, zugleich aber auch eine utopische. In jedem Fall aber eine interessante, über die ich unbedingt noch etwas mehr erfahren möchte. Da ich mich nun zu Beginn meiner Tschukotka-Reise in unmittelbarer Nähe des Parks befinde, komme ich natürlich nicht umhin, dort einen Zwischenstopp einzulegen. Es wäre eine großartige Sache, diesen Park mit eigenen Augen zu sehen! Im März vor der Reise kontaktierte ich deshalb Sergej Zimov per E-Mail und erkundigte mich bei ihm, ob ich auf dem Gelände der Northeast Science Station für ein paar Tage mein Zelt aufschlagen darf – mit dem Vorhaben, bei einer günstigen Gelegenheit die dort arbeitenden Wissenschaftler in den Park zu begleiten. Eine offizielle Unterbringung an der Wissenschaftsstation wollte ich unbedingt vermeiden, da eine solche all-inclusive um 150 Euro pro Nacht kosten würde. Doch wie es scheint, bin ich nun ein persönlicher Gast der Zimovs.

ZU GAST BEI WISSENSCHAFTLERN

Inzwischen ist auch mein Gepäck vom Flieger zum Ausgang gebracht worden. Wir laden es in Sergejs Geländewagen und fahren schnurstracks zu seinem Haus auf dem Gelände der Northeast Science Station. Dabei durchqueren wir auch das Stadtgebiet von Tscherskij, das ein wahrlich trostloses Bild abgibt. Überall sehe ich verfallene Gebäude, oberirdisch verlegte Rohre, Berge an Schrott und ganz viel Rost. Zum Glück sind wir schnell wieder raus aus diesem postapokalyptischen Umfeld. Ein einfacher Sandweg führt uns hinaus in die leicht hügelige Lärchentaiga, bis wir nach etwa acht Kilometern an die Panteleicha, einen Zufluss der Kolyma, gelangen. Hier passieren wir einen Rundbau mit riesiger Satellitenschüssel auf dem Dach, kurz darauf eine kleine romantische Kapelle, um schließlich eine gepflegte Ansammlung hölzerner Wohnhäuser zu erreichen – die Unterkünfte der hier lebenden und arbeitenden Wissenschaftler.

Vor Sergejs Haus herrscht gerade hektisches Treiben. Sein Sohn Nikita verabschiedet sich von seiner Frau Nastja und seinen drei Töchtern. Zusammen mit Sergej macht er sich bereit für eine kleine Flussexpedition auf der Kolyma. Sieben bis zehn Tage soll sie dauern, bis nach Srednekolymsk und wieder zurückführen, auf einem Schleppkahn mit festen Unterkünften. 13 eingeflogene Wissenschaftler aus Jakutsk und den USA nehmen daran teil. Mit Nikita komme ich leider nicht mehr ins Gespräch, da sie sofort losmüssen. Derweil quartiere ich mich im Hause Zimov ein. Sergejs Frau Galina bleibt vor Ort und zeigt mir das Gästezimmer, in dem ich mich die nächsten Tage wie zu Hause fühlen darf. Sie strahlt etwas Herzensgutes aus, meine plötzliche Anwesenheit scheint für sie vollkommen in Ordnung zu sein.

Wir stehen am Fenster des Wohnzimmers und schauen direkt auf den Fluss. Gleich soll hier der Schleppkahn mit den Wissenschaftlern vorbeifahren, und gegen 18 Uhr taucht er dann tatsächlich auf. Ein Kutter zieht die Barge den breiten Flussarm stromauf. Ein lautes Hupen ertönt, während an Deck ein paar der Passagiere herumstehen und hinüberwinken. Danach kehrt unerwartet Ruhe ein. Voller Demut schweift mein Blick über diese endlose menschenleere Landschaft. Unweit entfernt liegt ein rostiges Schiffswrack schief im Wasser, wohl schon seit vielen Jahren. Und am Horizont erheben sich aus der stillen Lärchentaiga ein paar sanfte Hügel, hinter denen sich die Monotonie des kalten Landes noch über Hunderte Kilometer fortzusetzen scheint. In dieser unendlichen Einsamkeit kommen mir Tscherskij und die Wissenschaftsstation vor wie Inseln des Lebens. Noch am selben Abend mache ich mein Rad startklar. Draußen vor dem Haus packe ich es aus und schraube zusammen, was zusammengehört. Ich muss mich warm anziehen, denn es sind nur noch 4 °C und der Wind weht weiterhin spürbar aus nördlicher Richtung. Bei fast aufgeklartem Himmel sorgt die tief stehende Sonne für ein kontrastvolles Licht – Nordlandstimmung pur! Wie schon für meine letztjährige Winterreise habe ich mich wieder für mein Surly Pugsley entschieden, ein Fatbike mit vier Zoll breiten Reifen. Auf den zu erwartenden grobschottrigen Pisten und zwischenzeitlichen Offroad-Etappen, insbesondere zum Finale entlang der

Sergej Zimov ist der Kopf des Projekts, Gründer des Parks und Leiter der Northeast Science Station.

Tschuktschensee, würde ich mit einem normal bereiften Rad sicher keinen Spaß haben.

Als mein Reisegefährt endlich fahrbereit ist, begebe ich mich zum Abendessen noch in den Rundbau mit der großen Sat-Schüssel auf dem Dach. Zu Sowjetzeiten war es eine Radiostation für den gesamten russischen Norden, jetzt ist es das Hauptgebäude der Northeast Science Station, in dem sich die Wissenschaftler und Angestellten mindestens zweimal täglich zusammenfinden, um gemeinsam zu speisen und sich abzustimmen. Nastja hat jetzt die Rolle der vorübergehend ausgeflogenen Köchin übernommen und verwöhnt die Anwesenden mit landestypischen Köstlichkeiten, die sich sehen lassen können: Es gibt *Beljaschi,* mit Hackfleisch gefüllte Teigtaschen, und Borschtsch. Unter den Beköstigten befinden sich auch ein paar Wissenschaftler, die ihre eigenen Projekte verfolgen und deshalb nicht mit auf den Expeditionskahn gestiegen sind. Also lerne ich noch die englische Doktorandin Charlotte, den US-amerikanischen Professor Mike und das jakutische Forscherpaar Goscha und Varvara vom Jakutsker Permafrost-Institut kennen. Vor allem mit Mike vertiefe ich mich noch in ein spannendes Fachgespräch zum Themenkomplex Paläoklima und Permafrost. Er erzählt mir, dass er morgen in den „Pleistozän Park" fahren wird, um dort ein paar Strahlungsmessgeräte aufzubauen. Sofort wittere ich meine Chance, ebenfalls in den Park zu gelangen, und frage ihn, ob ich ihn begleiten könnte. Sein Ja zaubert mir ein Grinsen ins Gesicht: Perfekt! Dass sich so schnell eine Gelegenheit ergeben würde, hätte ich nicht gedacht.

IN DEN KOLYMA-SÜMPFEN

Am nächsten Morgen treffen wir uns um zehn Uhr am Motorboot und beladen es mit allem, was für den Tagesausflug in den Park benötigt wird. Koordiniert wird das Ganze von Sascha, dem Techniker der Station – ein kerniger Typ, der mit seiner groben Art nicht so richtig in das Milieu der Wissenschaftler passt, aber dennoch eine unverzichtbare Rolle einzunehmen scheint. Er raucht noch eine Zigarette, dann wirft er den Motor an und steuert das Boot hinaus aufs Wasser. Routiniert lenkt er es durch ein Gewirr von Flussarmen tief in die Sümpfe der Kolyma-Aue. Etwa 40 Kilometer Wasserweg sind es bis zur Feldstation des Parks. Vom *protok* Panteleichskaja biegen wir in den *protok* Ambolicha, wenig später in den *viska* Tschirovaja. Auf einer Karte, die ich mir im Maßstab 1:100.000 vorbereitet hatte, versuche ich krampfhaft den Verlauf unserer Wasserroute nachzuvollziehen. Doch schon nach den ersten Abzweigungen verliere ich die Orientierung und weiß nicht mehr genau, auf welchem der vielen Kanäle wir uns bewegen. Würde Sascha jetzt irgendwo anhalten, uns absetzen und weiterfahren, wir wären gnadenlos verloren. Ohne Boot sowieso, da in der überfluteten Gebüsch-Aue ein Durch- oder Fortkommen zu Fuß vollkommen hoffnungslos wäre.

Schließlich erreichen wir die Feldstation, die sich als regelmäßig bemannte Basis inmitten des „Pleistozän Parks" befindet. Da auch hier alles überflutet ist, steuert Sascha das Motorboot bis an die Hüttentür. Vor zwei Wochen war der Pegel noch einen Meter höher, die ganze untere Etage stand unter Wasser. Wir gehen hinauf ins Obergeschoss, wo uns Kostja empfängt, der hier mit drei Hunden die Stellung hält. Bei einem Tee und einer Brotzeit besprechen wir das weitere Vorgehen. Dann begeben wir uns auch schon wieder hinaus und fahren in Ermangelung eines trockenen Untergrundes mit dem Motorboot in den umzäunten Teil des Parkgeländes hinein. In einem nahe gelegenen Waldstück, das etwas erhöht und trocken liegt, baut dann Mike mit unserer Unterstützung seine „Antenna" auf, einen Mast mit diversen Messgeräten. Von den Tieren, die hier sonst in unmittelbarer Nähe weiden, ist jedoch keines zu sehen. Wahrscheinlich haben sie sich auf die letzten trockenen Inseln im Wald zurückgezogen.

Schwierige Zeiten also auch für die Pflanzenfresser, die nun für einige Zeit mit der kargen Taigavegetation vorliebnehmen müssen. Ein paar Stunden sind wir beschäftigt, bis die „Antenna" mit Datenlogger, Autobatterie und Solarpanel steht. Dann fahren wir zurück zur Hütte und besichtigen noch einen 200 Meter tiefen Eistunnel, der erst vor wenigen Jahren hier in den Permafrost geschlagen wurde.

Da es schon später Nachmittag ist, machen wir uns wieder auf den Rückweg. Mein Vorhaben, einen persönlichen Einblick in das Projekt „Pleistozän Park" zu bekommen, ist aufgegangen. Zwar konnte ich keine der landschaftsgestaltenden Pflanzenfresser beim Weiden gegen die Klimaerwärmung beobachten, dafür habe ich aber all die Orte und Menschen kennengelernt, die in diesem Projekt eine Schlüsselrolle spielen. Von daher könnte ich eigentlich schon morgen weiterreisen und meine Radtour nach Tschukotka starten – über eine vage Verbindungspiste, die mich hoffentlich ohne größere Schwierigkeiten zum Beginn des Fahrweges bei Anjujsk gehen lässt. Als ich Sergej im März anschrieb und um eine Einschätzung zur Befahrbarkeit dieser Piste bat, zeigte er sich zuversichtlich: „Dieser Streckenabschnitt ist zwar kein Sommerweg, aber im Prinzip kann man ihn überwinden – teils auf dem Fahrrad fahrend, teils das Rad mit den Händen schiebend." Sascha jedoch erklärt mir nun das komplette Gegenteil: *„Doroga net! Voda, bolota!"* Dort gebe es mitnichten einen Weg, sondern nur Wasser und Sumpf … Vielleicht ist es besser, erst mal die Gegebenheiten in Augenschein zu nehmen, bevor ich gleich mit vollem Gepäck losziehe. Zu groß erscheint mir das Risiko, unverhofft zu versacken und wieder umkehren zu müssen.

Dass das arktische Sibirien während der Eiszeit viel lebensfreundlicher war, als man gemeinhin denkt, bezeugen vor allem die vielen Fossilien- und Knochenfunde, die alljährlich aus dem tauenden Permafrost hervortreten. Schätzungen gehen davon aus, dass auf einem Quadratkilometer ein Mammut, fünf Bisons, sieben bis acht Pferde und 15 Rentiere lebten.

HOCHSOMMER IM WINTERKLEID

Also mache ich mich am Folgetag bereit für eine kleine Erkundungstour, packe eine Radtasche mit dem Nötigsten und rolle über Tscherskij und den Nachbarort Zelenyj Mys zur ominösen Verbindungspiste. Die ersten 20 Kilometer vorbei am Berg Rodinka sind gut fahrbar, sie scheinen erst vor Kurzem aufgeschottert worden zu sein. Doch dann, zu Füßen des zweiten Bergs Panteleicha, wechselt der Untergrund plötzlich in einen pampig-lehmigen mit etlichen Wasserlöchern, der sich mehr und mehr um die breiten Reifen wickelt und zu einem fiesen Problem wird. Schon nach wenigen Hundert Metern ist mein Rad dermaßen eingesaut, dass ich es kaum noch schieben kann. Resigniert kratze ich mit einem Stock die Pampe aus Rahmen, Schaltung und Scheibenbremsen und frage mich, ob ich mir diese Schlammschlacht wirklich antun will? Bis zur Trasse quer durch Tschukotka sind es ab hier noch etwas mehr als 50 Kilometer – definitiv zu viel unter diesen Umständen! Mir wird klar, dass ich diese Variante schmeißen muss, dass ich nur mit einem Frachtkahn oder Motorboot zum Ausgangspunkt des Fahrweges gelangen kann. Alles andere wäre stumpfsinnig, nichts als vergeudete Zeit und Energie. Fragt sich nur, wie schnell ich eine Mitfahrgelegenheit nach Anjujsk finden werde? Wahrscheinlich müsste ich im Hafen von Tscherskij herumfragen.

So weit kommt es dann aber nicht, denn zurück an der Northeast Science Station macht mir Galina ein Angebot, das ich nicht ausschlagen kann. Gegen einen angemessenen Geldbetrag würde sie Sascha beauftragen, mich direkt nach Anjujsk zu bringen. Und zwar gleich morgen. Ich willige ein, auch wenn ich es lieber hätte, irgendwo mitzufahren, als dass nur meinetwegen Menschen und Fahrzeuge in Bewegung gesetzt werden. Tags darauf besorge ich mit Sascha das Benzin für die Fahrt – insgesamt 70 Liter werden für die 80 Kilometer lange Wasserstrecke benötigt. Dann packe ich meine Sachen, mache alles startbereit. Doch als wir am Nachmittag endlich losfahren wollen, setzt auf einmal ein kräftiger, kalter Regen ein, begleitet von einem böigen Nordwestwind. Ungemütlicher geht es kaum, also verschieben wir die Abfahrt. Auch am nächsten Tag regnet es bei 2 °C unaufhörlich weiter. Wäre ich schon auf der Piste gewesen, ich wäre definitiv im Zelt liegen geblieben und keinen Meter gefahren. Gut, dass ich noch an der Station festhänge und dieses Sauwetter in einer festen Unterkunft aussitzen kann. Ich nutze die hinzugewonnene Zeit, um meine gesammelten Notizen ins Tagebuch zu übertragen, eine Hose zu nähen und etwas zu dösen. Als ich am Mittag mal wieder aus dem Fenster schaue, will ich meinen Augen nicht trauen – es schneit! Und zwar wie verrückt! Es flockt so stark, dass ich kaum das gegenüberliegende Gebäude erkennen kann, in dem Nastja und Nikita mit ihren Töchtern wohnen. Hausdächer, Baumwipfel, Freiflächen – alles verschwindet unter einer weißen Schicht. Auf mehrere Zentimeter wächst die Schneedecke an und lässt mitten im Sommer, an einem 30. Juni, das Land wie aus einem russischen Wintermärchen erscheinen. Unvorstellbar, dass es hier Mitte Juni und zum Ysyach-Fest schon Temperaturen von fast 30 °C gegeben haben soll.

Der Sommer der sibirischen Arktis ist schon sonderbar. Weht der Wind aus südlichen Richtungen, gelangt die kontinentale Hitze weit über den Polarkreis hinaus. Dreht er aber mal auf Nord, ist sie sofort wieder da: die arktische Kälte der nicht weit entfernten und um diese Zeit noch vollständig mit Eis bedeckten Ostsibirischen See. Als ich draußen vor dem Haus ein paar Fotos von der verschneiten Umgebung mache, komme ich mit dem Nachbarn der Zimovs ins Gespräch, der ebenfalls Sergej heißt und natürlich ein Paläowissenschaftler ist. Er erzählt mir, dass es so ein Wetter während der Eiszeit wahrscheinlich nicht gegeben hätte. Im Pleistozän war das Klima an diesem Ort nämlich ein viel kontinentaleres, mit zwar deut-

Die ominöse Verbindungspiste von Tscherskij zum Beginn der Schottertrasse erweist sich als unpassierbar.

Eisige Nordwinde lassen mitten im Sommer den Winter zurückkehren.

lich kälteren Wintern, aber auch heißen und trockenen Sommern. Entscheidender Faktor: Die arktische Küste und der Ozean waren damals viel weiter weg von hier, geschuldet dem mehr als 120 Meter tieferen Meeresspiegel. Der Kontinentalität wegen kam es auch, anders als in Europa und Nordamerika, nie zu einer Vergletscherung Sibiriens. Es war schlichtweg zu trocken und im Sommer zu warm, als dass sich ein Inlandeis hätte ausbilden können.

Dass das arktische Sibirien während der Eiszeit viel lebensfreundlicher war, als man gemeinhin denkt, bezeugen vor allem die vielen Fossilien- und Knochenfunde, die alljährlich aus dem tauenden Permafrost hervortreten. Schätzungen gehen davon aus, dass auf einem Quadratkilometer durchschnittlich ein Mammut, fünf Bisons, sieben bis acht Pferde und 15 Rentiere lebten. Im Vergleich zur heutigen Situation, in der man auf gleicher Fläche nur mit Glück mal ein Rentier oder einen Elch antrifft, eine unvorstellbar hohe Tierpopulation. Wie mir Sergej erzählt, fand man vor elf Jahren am Berg Rodinka auch mal ein mumifiziertes, fast vollständig erhaltenes Wollnashorn. Die relativ kurzen Beine dieser Tiere deuten darauf hin, dass es seinerzeit nur geringe Schneehöhen und eine überwiegend niedrige Vegetation gegeben haben muss. Letzteres ein klares Indiz für die damals vorherrschende Steppentundra. Mit ihrer hohen biochemischen Produktivität und den damit verbundenen nährstoffreichen Böden bot sie die Ernährungsgrundlage für eine derart große Tierpopulation. Und die Tiere, die fraßen und gleichzeitig düngten, trugen zum Erhalt dieses Stoffkreislaufs bei, der auch das angestrebte Ökosystem des „Pleistozän Parks" ist. Es ist ein komplexes System, ein Zusammenspiel von mehreren Faktoren, die sich einander bedingen und in einem Gleichgewicht stehen müssen. Verändert sich etwas an den Ausgangsbedingungen, verändert sich das ganze System. Schwierig wird es, ein vergangenes wiederherzustellen, vor allem wenn die Hauptakteure ausgestorbene Tiere sind. Das betrifft vor allem die Mammuts, die wohl zu den effektivsten Landschaftsgestaltern der Steppentundra gehörten. Die letzten starben vor etwa 4.000 Jahren auf der Wrangelinsel, nur 700 Kilometer von hier entfernt. Sie mit dem heutigen Wissen der Genetik zurückzuholen und wieder durch die sibirische Arktis ziehen zu lassen, ist der wohl utopischste Traum der Parkbetreiber. Würde er wahr werden, ließen sich die angestrebten Ziele ihres Projekts um einiges beschleunigen.

AUFBRUCH ZUM STARTPUNKT

Am 1. Juli ist es dann so weit: Wir können nach Anjujsk! Ganze fünf Tage verbrachte ich an der Northeast Science Station, doch jetzt scheint der Abschied tatsächlich gekommen zu sein. Das Wetter hat sich etwas gebessert, zumindest regnet es nicht mehr. Mit 4 °C ist es allerdings noch immer recht frisch. Dass mich Sascha ausgerechnet heute, an seinem freien Tag, rausfahren soll, kommt ihm nicht ganz ungelegen. Denn so hat er noch etwas Zeit, seinen Vater zu besuchen, der wohnt nämlich genau dort, wo wir hinwollen. Es wird also nicht lange gefackelt, Rad und Gepäck landen flugs im Boot, und schon brettern wir zügig über den *protok* Dudina hinaus auf den Hauptlauf der Kolyma. Es ist ein Respekt einflößend breiter Strom mit aufgewühlter Wasserfläche, als wäre es ein windgepeitschter See. Wellen schlagen wie Felsen gegen den Bootsboden, und ich hoffe inständig, dass von meinem unbefestigten Gepäck nichts in den Fluten des riesigen Gewässers verschwindet. Erst als wir in den *viska* Lesokovka und weiter in den *protok* Mal'tschikovskaja einbiegen, der sich als abkürzender Verbindungskanal parallel zum Unterlauf des Anjuj durch die Sumpfaue windet, wird die Fahrt ruhiger. Unzählige Mäander zwingen uns zu ständigen Lenkmanövern durch eine trostlose Einöde aus trübem Wasser und undurchdringlichem Gesträuch. Hin und wieder scheuchen wir ein paar Wasservögel auf, und einmal sehe ich vor uns einen Otter schwimmen, der sich im rechten Moment noch abduckt. Schließlich erreichen wir den Kleinen Anjuj, an dessen Flussufer die Silhouette windschiefer Holzhütten auftaucht: das Dorf Anjujsk.

Am Anleger warten schon Freunde von Sascha, sein Vater ist auch dabei. Wir verladen mein Gepäck ins Auto und fahren erst einmal zu ihm nach Haus. Zur Begrüßung gibt es Suppe, Bouletten, Tee und *Mors,* ein erfrischendes Fruchtsaftgetränk mit Preiselbeeren. Die Wiedersehensfreude ist groß und allen Anwesenden förmlich ins Gesicht geschrieben. Neuigkeiten werden ausgetauscht, es wird diskutiert und herzlich gelacht. Das letzte Treffen scheint schon eine Weile her zu sein. Etwa eine Stunde vergeht auf diese Weise, als plötzlich zum Aufbruch gerufen wird. Eigentlich will ich gleich hier am Grundstückszaun mein Rad bepacken und losfahren, doch dann setzen wir uns noch einmal ins Auto, und man fährt mich durch das Dorf bis an das Ortsausgangsschild. Hier lässt mich die Herrenrunde schließlich raus, reicht mir mein Gepäck und zieht ohne Umschweife wieder ab. „Ja, Tschüss! Vielen Dank fürs Herbringen", denke ich mir mit einem nicht hörbaren ironischen Unterton. Mittlerweile regnet es wieder, sodass ich hier draußen, wo es keine Unterstellmöglichkeit mehr gibt, irgendwie bedeppert rumstehe. Schnell krame ich meine Regensachen heraus, die Watstiefel von der Bootsfahrt behalte ich gleich an. Das ist also der Beginn des lang ersehnten Fahrweges. Geschlagene zehn Tage habe ich gebraucht, um von Berlin bis hierher zu kommen. Freudensprünge wären angebracht, dass es endlich losgehen kann! Doch meine Begeisterung in diesem nasskalten Einheitsgrau hält sich in Grenzen. Nun ja, was nicht ist, kann ja noch werden, denke ich mir. Also setze ich mich einfach aufs Rad und rolle los.

Nach Tagen des Wartens gelingt es mir endlich, an den Startpunkt der geplanten Radtour zu gelangen.

4

BLUTSPENDEND NACH BILIBINO

TAG 1, KILOMETER 0

Endlich bin ich auf der mysteriösen Schotterpiste, die mich in den kommenden anderthalb bis zwei Monaten quer durch das nahezu unbesiedelte Landesinnere Tschukotkas führen soll. Es ist eine mehr als 1.300 Kilometer lange Piste, die abgeschnitten vom restlichen Wegenetz Russlands in den nordöstlichsten Zipfel des eurasischen Kontinents führt, und zwar bis an die Beringsee, an den Küstenort Egvekinot. Etliche Herausforderungen warten entlang dieser Strecke, denn es gibt so gut wie keine Brücken, dafür unzählige Furten, von denen einige so tief sind, dass eine Querung nur per Boot möglich sein wird. Eine ehrfürchtige Spannung packt mich bei dem Gedanken, diesen ganzen langen Weg auf eigene Faust bezwingen zu wollen. Werde ich es schaffen? Werde ich die Energie und Motivation aufbringen, mich bis an mein selbst gestecktes Ziel durchzubeißen? Werde ich trotz

Die erste Radetappe führt durch hügelige Lärchentaiga.

der zu erwartenden Schwierigkeiten Gefallen haben an dem, was ich tue? Bisher konnte ich meinen Reisen immer etwas abgewinnen. Je größer die Herausforderung, desto größer war auch das Erlebnis. Auch diesmal glaube ich daran, dass jede Strapaze irgendwann mit unvergesslichen Erfahrungen aufgewogen wird – mit Erfahrungen, die man nur machen kann, wenn man sich mit voller Überzeugung auf das Ungewisse einlässt.

Wie man mir erzählte, ist der erste Wegabschnitt von Anjujsk nach Bilibino im Jahr 2006 fertiggestellt worden. Er erstreckt sich auf 260 Kilometern und ist im Vergleich zum Rest der Strecke am besten ausgebaut, denn hier gibt es sie noch: Brücken – über jeden Fluss und jeden einzelnen Bach. Doch warum hat man ausgerechnet das Dorf Anjujsk an den Weg angebunden und nicht die wesentlich wichtigere Stadt Tscherskij? Darauf scheint es nur eine Antwort zu geben: weil sich Anjujsk noch auf dem Territorium des „Autonomen Kreises der Tschuktschen" befindet, Tscherskij aber schon in der „Autonomen Republik Sacha". Der Bau der Trasse quer durch Tschukotka wurde nämlich auf lokaler Ebene angestoßen und vorangetrieben, und an der Grenze zu Jakutien war dann Schluss. Anscheinend ging es den Erbauern des Weges vor allem um einen Zugang zum Fluss Kolyma, um den Frachtverkehr der Binnenschifffahrt nach Tschukotka lenken zu können. Damit ist es nun auch im Sommer möglich, schwere Güter aus dem russischen Kernland bis nach Pevek an die Tschuktschensee oder nach Egvekinot an die Beringsee zu transportieren. Zuvor war dies nur über die Ozeane möglich, über deutlich längere Routen quer durch die Arktis oder über den Nordpazifik.

Dass es überhaupt zu diesem plötzlichen Ausbau der lokalen Infrastruktur kam, verdankt das Land dem russischen Oligarchen Roman Abramovitsch, der von 2001 bis 2008 als Gouverneur für Tschukotka eingesetzt war und als Eigner des englischen Fußballklubs FC Chelsea eine gewisse Bekanntheit erlangte. Wladimir Putin, seinerzeit kaum ein Jahr im Amt des Präsidenten, hatte ihn im Jahr 2000 dazu gedrängt, den Posten zu übernehmen, um der am meisten unterentwickelten Region Russlands auf die Beine zu helfen. Hunderte Millionen Euro soll er aus seinem Privatvermögen für die Infrastruktur Tschukotkas aufgewendet haben – der Multimilliardär gilt als einer der vermögendsten Menschen der Welt. Es verwundert daher kaum, dass man in Tschukotka von der Regentschaft Abramovitschs regelrecht begeistert war. Unter ihm kam die Wirtschaft ins Rollen, die Lebensumstände verbesserten sich und auch die Gehälter stiegen. Er brachte kanadische Fertighäuser, Lebensmittel und Treibstoff in den Norden, verschenkte kleine Boote und Motorschlitten, ermöglichte den Kindern Ferien am Schwarzen Meer und sorgte offenbar auch dafür, dass es zu einem weitreichenden Ausbau des Wegenetzes kam ... Es ist schon verrückt: Während in weiten Teilen Russlands über Jahrzehnte nichts passiert, baut man ausgerechnet hier, quasi aus dem Nichts heraus, Tausende Kilometer Schotterweg durch die arktische Tundra. Damit wird beispielhaft deutlich: Ein nachhaltiger Entwicklungsschub ist stets nur dort möglich, wo genügend Geld zur Verfügung steht, wobei im Fall Tschukotka auch das Durchsetzungsvermögen der zivilen Administration gegenüber dem FSB und seiner Abschottungspolitik eine entscheidende Rolle spielte.

SCHLAMM UND MÜCKEN

Während ich meine ersten Kilometer auf dieser relativ neuen Piste zurücklege, spritzt mir von unten der Schlamm herauf. Die Feuchtigkeit der letzten Tage hat auch den befestigten Weg aufweichen lassen, und der Untergrund ist mehr als lehmig. Schon nach kurzer Zeit knirscht es zwischen Kette und Kränzen, dass es mir in den Ohren schmerzt. Verdammt! Was für ein krasser Materialverschleiß! Ich kann nur hoffen, dass es nicht noch übler wird, und versuche, das permanente Schmir-

Die Mückenplage ist zuweilen der absolute Horror.

gelgeräusch zu ignorieren. Hin und wieder rutscht mir noch ein Fluch heraus, ansonsten ist es totenstill in der Taiga. Jetzt, da der Wind nachgelassen hat, ist kaum ein Geräusch zu vernehmen. Einzig das Summen der Mücken sorgt für eine leise Akustik in der Luft, vor allem bei einem Stopp. In Scharen kommen sie dann aus ihren Verstecken und fallen über mich her, als hätten sie nur darauf gewartet, dass hier ein ahnungsloser Radfahrer vorbeikommt. Undurchdringlich wirkt die Taiga dieser Gegend, mit buckelig versumpftem Grund. Sich hier abseits des Weges durchschlagen zu müssen, wäre der absolute Graus! Gelobt sei der Schotterdamm, auf dem ich so bequem dieses schwierige Gelände durchstreifen kann. Da erscheint das bisschen Matsch auf dem Fahrgrund wie ein Segen. Und auf einmal genieße ich es, hier fahren zu dürfen. Es ist alles eine Frage der Perspektive …

Gegen halb zehn am Abend passiere ich eine trockene Lichtung – perfekt zum Lagern! In einer Trittspur zwischen Blaubeersträuchern finde ich eine geeignete Liegefläche und schlage das erste Mal auf dieser Reise mein Zelt auf. Es ist ein kleines Einpersonenzelt, ein *Wechsel Pathfinder,* das mit drei sich kreuzenden Stangen auch ohne Heringe aufgestellt werden kann und generell sehr windstabil ist. Seit nunmehr 14 Jahren greife ich auf dieses Zeltmodel zurück und habe es trotz der eingeschränkten Bewegungsfreiheit sehr zu schätzen gelernt. Während ich mein Lager herrichte, bin ich umgeben von Myriaden kontaktfreudiger Mücken, die mir trotz kühler 5 °C auf Schritt und Tritt treu verbunden bleiben und mich zum permanenten Tragen eines Mückennetzes zwingen. Ohne diesen Schutz würde ich vor lauter Stechattacken im Gesicht schon bald die Nerven verlieren. Ab und zu schafft es mal eine darunter, im Großen und Ganzen aber bin ich mit dem Netz und doppelter Jacke ausreichend geschützt.

Wenn ich da an mein erstes Sibirien-Abenteuer 2007 denke, als ich entlang der Baikal-Amur-Magistrale drei Wochen lang einer absolut krassen Mückenplage ausgesetzt war, ist das hier gerade Entspannung pur. Wie ein gehetztes Tier kam ich mir damals vor, musste ich doch immer in Bewegung bleiben, um die aggressiven Schwärme halbwegs abschütteln zu können. An den Abenden beim Zeltaufbau konnte ich jedoch nicht mehr weglaufen und war auch bei schwülen 25 °C gezwungen, mir etwas Langes überzuziehen. Derart warm eingepackt, floss der Schweiß in Strömen, was die Biester so richtig aufdrehen ließ. Am schlimmsten zeigten sich die Kriebelmücken, die wie kleine weißbeinige Fliegen aussehen und bei warmem Wetter noch viel lästiger in Erscheinung treten. Ihre Bisse können richtige Blutkrater hinterlassen, weshalb ich sie damals „Blutbeißer" taufte. Einige von ihnen krochen mir unter das T-Shirt und fraßen mir den Bauchnabel blutig, wiederum andere fanden einen Weg durchs Mückennetz in meine Ohren und Nasenlöcher. Wirklich abartig! Als das Zelt endlich stand, flüchtete ich sofort hinein, zerklatschte alle ungebetenen Gäste und zog mich bis auf die Unterhose nackt aus. So lag ich dann für eine Weile da, bewegungslos, um endlich etwas abzukühlen und abzutrocknen, während es um mich herum summte wie in einem Bienenkorb. Ein Moment der Erleichterung, der sich kaum in Worte fassen lässt. In dieser mückenverseuchten Sommertaiga war mein Zelt der einzige Zufluchtsort, der mir vorübergehend etwas Ruhe und Entspannung gönnte …

Da Rauch ein gutes Mittel ist, um die surrende Meute auf Abstand zu halten, entfache ich schon bald ein Feuer und lasse mich ganz bewusst einräuchern. Währenddessen bereite ich alles vor, um mein Abendessen kochen zu können. Direkt neben der Feuerstelle befindet sich idealerweise ein Baumstumpf, über den ich einen längeren Lärchenast lege und an dessen Spitze den Kochtopf über die Flammen hänge. Das Wasser schöpfte ich gleich zu Beginn aus einem nahen Sumpfbach. Nun werfe ich noch eine halbe Tasse Reis hinein, dazu einen Brühwürfel und

Jetzt, da der Wind nachgelassen hat, ist kaum ein Geräusch zu vernehmen. Einzig das Summen der Mücken sorgt für eine leise Akustik in der Luft, vor allem bei einem Stopp. In Scharen kommen sie dann aus ihren Verstecken und fallen über mich her, als hätten sie nur darauf gewartet, dass hier ein ahnungsloser Radfahrer vorbeikommt.

eine Handvoll Trockengemüse. Während ich warte, bis das Ganze weich gekocht ist, sammeln sich auf dem Deckel des Topfes immer mehr Mückenkadaver; sie kamen dem Feuer zu nah und erlitten eine nach der anderen den Hitzetod. Auch beim Essen rieselt es weitere Mücken herab. Von der Wärme angelockt, stürzen sie sich in die heiße Suppe und verbrühen sofort – ein unumgänglicher Eiweißbonus, der sich aufgrund der Menge nicht mehr herausfischen lässt und einfach mitgegessen wird …

Als ich am nächsten Vormittag aufwache, zeigt sich mein Hals plötzlich stark entzündet. Brüte ich etwa einen Infekt aus? Hoffentlich nicht! Ich gönne mir einen Schluck Honiglikör, den ich stets für solche Situationen als eine Art Medizin dabeihabe. Der Alkohol soll desinfizieren und der Honig den schmerzenden Schluckreiz lindern. Dann kaue ich noch auf ein paar Nelken herum und hoffe, dass die Sache glimpflich ausgeht. Ich will erst mal weitermachen, ein Stück vorwärtskommen, ehe ich bereit wäre, der Erholung wegen in den nächsten Wartemodus überzugehen. Also packe ich wie geplant alles zusammen und schwinge mich am Nachmittag zur nächsten Etappe aufs Rad. Ich fahre weiter durch eine monotone Taigalandschaft, die in mir eine vollkommene Leere hervorruft. Kilometer um Kilometer, Stunde um Stunde immer die gleichen Aussichten: grüner Wald, grauer Himmel, gerader Weg. Ablenkung oder Abwechslung gibt es hier kaum, die Eindrücke reduzieren sich auf ein Minimum, einzig der vom Regen aufgeweichte Weg bringt etwas Unruhe in den Trott.

Am Abend passiere ich einen Abzweig mit der Ausschilderung „Zelenyj Mys 68“. Es ist das andere Ende der ominösen Verbindungspiste, die ich ausgehend von Tscherskij direkt hierher gehen wollte. Ein Glück, dass ich es nicht versucht habe – ich wäre definitiv versackt! Soweit ich schauen kann, sehe ich nur Wasser und Sumpf, genau wie es Sascha prophezeit hatte. Die „letzten“ 50 Kilome-

Ein Schild verweist auf die vollkommen versumpfte Piste, die ich ursprünglich von Tscherskij nehmen wollte.

Der Regen der letzten Tage hat auch die aufgeschotterte Trasse aufweichen lassen.

ter sind tatsächlich eine reine Winterpiste, ein *Zimnik*, der wohl auch nur zu jener Jahreszeit befahren wird. Jetzt blüht hier das Wollgras, und mit jedem Schritt verwandelt sich der weiche Grund in eine Wasserlache. So sieht es hier im Grunde überall abseits des Schotterdammes aus. Plätze für die Nacht lassen sich daher nur an irgendwelchen Baugruben oder aufgeschütteten Flächen finden. Nicht gerade das, was ich suche, wenn ich mich bewusst in die Wildnis begebe. Doch mir bleibt nichts anderes übrig. Als ich ein paar Stunden später eine Schotterfläche unweit des Weges ausmache, schlage ich kurzerhand mein Zelt auf. Es gibt ein kleines Flüsschen ganz in der Nähe – perfekt, um jederzeit auf klares Wasser zum Kochen, Trinken und Waschen zugreifen zu können.

RÜCKKEHR DER SOMMERHITZE

Tags darauf nutze ich die Gelegenheit und wasche gleich noch mein komplettes Rad. Das Wetter scheint besser zu werden, allem Anschein nach ein stabiles Sommerhoch, sodass ich ab jetzt keine neuerliche Schlammschlacht mehr erwarte. Der Wind hat zudem auf Süd gedreht. Während gestern noch frische 11 °C vorherrschten, klettert die Temperatur am heutigen Nachmittag schon auf 23 °C. Und siehe da: Der Weg ist wieder trocken. Endlich kann ich normal Rad fahren! Ich wechsle die Wanderschuhe gegen Sandalen. 73 Kilometer schaffe ich an diesem Tag. Der Autoverkehr hält sich nach wie vor in Grenzen. Auch heute zähle ich nur acht bis zehn Fahrzeuge, mehr begegnen mir nicht. Doch wie schon während meiner Winterfahrt nach Tiksi hält fast jeder an, um mit mir ein paar Worte zu wechseln. „Woher? Wohin? Warum?“, lauten die klassischen Fragen. Oft gefolgt von: „Wie alt? Verheiratet? Kinder?“ Dann muss ich sie enttäuschen, dass ich mit meinen 38 Jahren noch immer nicht verheiratet bin, nur eine Freundin habe und keine Kinder. „Aber warum bist du allein und nimmst deine Freundin nicht mit?“, kommt dann gelegentlich als ernst gemeinte Nachfrage. Spätestens hier muss ich passen. Mein Wortschatz reicht nicht aus, um verständlich zu erklären, dass meine Freundin für derartige Expeditionen gar nicht zu begeistern wäre, ich zudem gerne alleine unterwegs bin, die damit verbundene Freiheit liebe, die intensiven Erfahrungen, die unmittelbaren Begegnungen, das kompromisslose Durchbeißen … Aber selbst wenn: Welche Frau würde sich auf zwei Monate Taiga und Tundra einlassen? Mit Mückenplage, Bärengefahr und all den körperlichen Strapazen, die eine solche Tour bereithält? Es gibt schönere Arten, den gemeinsamen Urlaub zu verbringen. Die ganz wilden Sachen, die meiner persönlichen Abenteuerlust entspringen und im Grunde nur auf meine eigenen Sehnsüchte zugeschnitten sind – wer wäre überhaupt dafür zu begeistern? Die Erfahrung hat gezeigt, dass es sogar mit den besten Kumpels nur selten rundläuft, vor allem dann, wenn es ans Eingemachte geht oder neue Grenzen auszuloten sind. Bei ambitionierten Touren mit vielen Ungewissheiten bin ich tatsächlich lieber solo unterwegs, denn allein bin ich besser auf mein Ziel fokussiert, kann vollkommen eigenverantwortlich agieren und Entscheidungen ganz nach meinem Bauchgefühl treffen. Es ist auch ein Ausgleich zum durchgetakteten Leben, den ich immer wieder suche und der mich alljährlich aufs Neue hinausziehen lässt, auch wenn ich damit jedes Mal das Verständnis meiner Freundin auf die Probe stelle.

Das nächste Nachtlager schlage ich wieder an einer Bachbrücke auf, diesmal direkt am Wasser, an der daneben befindlichen Furt. Obwohl es im Laufe des Abends auf 10 °C abkühlt, steigert sich die Mückenplage mehr und mehr zu einem nervenaufreibenden Horror. Über einem kleinen Feuer koche ich mir flugs eine Nudelsuppe und verziehe mich damit rasch ins Zelt. Beim Essen merke ich dann, dass die Rachenentzündung nun doch in einen faustdicken Infekt überzugehen scheint. Über Nacht werde ich richtig krank, mit Niesanfällen und fiesem Rotz, der sich auch in den Nebenhöhlen festsetzt. Ich bin total platt, muss mich unbedingt erholen, doch an ausschlafen ist nicht zu denken. Um diese Jahreszeit scheint die Sonne rund um die Uhr, auch mitternachts geht sie nicht unter, und ab zwei Uhr morgens steht sie wieder so hoch über dem Horizont, dass sie mein Zelt spürbar aufheizt. Ich lege meinen Schlafsack aufs Außenzelt, damit er die glühende Hitze der Sonne etwas abschirmt. Doch wirkliche Erholung ist an diesem Ort direkt am Wegesrand nicht möglich. Gegen Mittag entscheide ich mich, einzupacken und weiterzuziehen.

Der Sommer scheint nun richtig Fahrt aufzunehmen: Heute sind es schon 27 °C! Es ist der Beginn einer neuerlichen Hitzewelle. Leider wird es mit der Zeit zunehmend schwüler, sodass die Mücken nun auch tagsüber immer aktiver werden: Während ein trockener Sommertag die Blutsauger in ihren Verstecken sitzen lässt, schwärmen sie auch in praller Sonne aus, sobald sich eine gewisse Schwüle breitmacht. Dann gibt es kein Ausweichen, keine Flucht mehr, und man wird an jedem Ort zu jeder Zeit von ihnen überfallen. Auf gerader Strecke rollend, mit ein wenig Fahrtwind im Gesicht, bleibe ich von den Stechattacken weitgehend verschont. An den Anstiegen aber, die nun immer länger werden, bin ich nicht mehr schnell genug, um die durstigen Blutsauger abzuhängen. Nach und nach setzen sie sich auf meinen Rücken, auf den Nacken, auf die Arme, an die Ohren, ins Gesicht ... Wird es zu übel, greife ich nach dem kleinen Handtuch, das ich immer am Lenker hängen habe, und peitsche mich damit ab, als befände ich mich auf einem Bußgang. So geht es dann mitunter einige Kilometer weit. Doch sobald ich den Pass erreiche, auf dem in der Regel auch ein spürbares Lüftchen weht, sind die eben noch durchlebten Strapazen mit einem Schlag wie weggeblasen. Es ist der Blick in die Weite, der jetzt umso befreiender wirkt. Ein Blick, den ich immer wieder genieße, denn hier kann ich über die Monotonie der Taiga hinwegschauen, das Land in seiner Unermesslichkeit begreifen und mein Vorwärtskommen viel besser einordnen. In der Ferne ist bereits das Tschuwanische Gebirge um Bilibino zu erkennen. Strahlend weiß erscheinen die bis 1.500 Meter hohen Gipfel, die noch immer vom Schnee des letzten Wintereinbruchs verhüllt sind.

Am nächsten Tag tauche ich dann in genau diese Bergwelt ein. Mein Weg schlängelt sich ein längeres Tal hinauf, an dessen Beginn sich eine verlassene Siedlung befindet: Vstretschnyj. Alle Gebäude sind verfallen, niemand wohnt hier mehr. Lediglich eine zeitweise besetzte Arbeiterbasis gibt dem heruntergekommenen Ort einen letzten Funken Leben. Unweit dahinter passiere ich ein merkwürdig eingezäuntes Gelände mit Wachturm. Es wirkt wie ein Gefängnishof, wahrscheinlich die Überreste eines der vielen menschenverachtenden Gulags aus der Stalin-Zeit. Der Weg wird nun immer steiler, ich steuere einem höheren Pass entgegen. Aus der Entfernung sehe ich schon, dass es am Ende sogar ein paar Spitzkehren gibt. Als mir der Schweiß anfängt von der Stirn zu tropfen, steige ich ab und schiebe. Sofort fallen wieder Schwärme an Mücken über mich her und bohren ihre Stechrüssel in meine Arme. Da der Anstieg inzwischen so steil ist, dass ich mein schwer beladenes Rad nur noch mit beiden Händen in Balance halten kann, gelingt es mir nicht mehr, die blutsaugenden Biester regelmäßig abzuschlagen. Also versuche ich sie zur Abwechslung mal zu ignorieren, so einen kleinen Blutverlust sollte ich eigentlich verkraften.

Doch nun entwickelt sich das Ganze recht schnell zu einer grotesken Blutspendeparty. Geschockt und fasziniert zugleich schaue ich zu, wie sich immer mehr der gierigen Blutsauger auf meinen Armen niederlassen und sie schon bald komplett bedecken. Ein flächiger Juckreiz macht sich breit, und es fällt mir schwer, nicht darauf zu reagieren. Ich gehe einfach weiter, Meter um Meter, Hauptsache, ich komme irgendwann oben an, damit die Selbstgeißelung möglichst rasch vorüber ist. Als dann ein leichter Wind-

Der Sommer kehrt mit Hitze zurück und lässt mich in der offenen Waldtundra vergeblich nach Schatten suchen.

Nervenaufreibender Passgang kurz vor Bilibino.

hauch über die Haut streicht, spüre ich plötzlich jede einzelne der in mir steckenden Mücken. Es fühlt sich an, als hätte ich ein paar zusätzliche, weit abstehende Härchen, die meine Empfindsamkeit erhöhen und mich die Umwelt um einiges deutlicher wahrnehmen lassen … Okay, das reicht. Ich kann mich nicht mehr zurückhalten und schlage drauf. Blut spritzt, Körper platzen … Für die restlichen Höhenmeter ziehe ich mir dann doch eine Jacke über. Nassgeschwitzt bin ich eh schon, also macht es kaum noch einen Unterschied. Es ist die einzige Wahl, die man bei so einem Wetter hat: sich entweder auffressen lassen oder schweißtreibend einen Hitzekoller erleiden. Doch bevor es noch zu Letzterem kommt, erreiche ich schließlich den 750 Meter hohen Pass kurz vor Bilibino. Geläutert und erleichtert.

Die kargen Berge und der Pass erinnern mich irgendwie an Kirgistan. Um ein paar Eindrücke mit der Kamera einzufangen, stelle ich mein Rad an ein Verkehrsschild. Die Aufschrift lässt mich ein wenig rätseln: „90 ‰“. Hmm, 90 Promille? Ist damit das Gefälle der Abfahrt gemeint oder die Obergrenze des Alkoholpegels, mit dem man sich hier noch hinunterwagen darf? Während ich noch grüble, kommt von der anderen Passseite eine *Marschroutka,* ein typisches Sammeltaxi, hinaufgeschossen. Das Fahrzeug hält, und ein paar junge Einheimische steigen aus. Sie schnappen ein bisschen Höhenluft und fotografieren sich mit ihren Handys – „Passfotos“ der anderen Art. Einzig der Fahrer genießt den Ausblick ohne einen Beweis. Er raucht und wirkt mit seiner Art irgendwie aufgeschlossener. Ich spreche ihn an und erfahre, dass seine Fahrgemeinschaft Jukagiren sind. Und ich? „*Ja nemets* – Ich bin Deutscher.“ Daraufhin erinnert er sich an eine Gruppe deutscher Motorradfahrer, die hier vor zwei Jahren mal durchgekommen ist. „Mit russischen Ural-Motorrädern?“, frage ich. „Ja, genau. Es waren alte Maschinen mit Beiwagen.“ Das kann eigentlich nur die abgedrehte Künstlergruppe aus Halle an der Saale gewesen sein, die im Herbst 2014 zu einer zweieinhalbjährigen Weltumrundung aufbrach und sich das irrwitzige Ziel setzte, New York auf dem Landweg zu erreichen – mit Querung der Beringstraße von Tschukotka nach Alaska.

Vor einem Jahr hatte ich in einem russischen Radforum namens „Velopiter“ das erste Mal von dieser Motorrad-Odyssee erfahren. Juri Kapasev, der wohl leidenschaftlichste und schreibfreudigste Radfahrer Tschukotkas, berichtete damals von ihrem Besuch in seiner Heimatprovinz. Überhaupt berichtet er von allem, was sich im hintersten Zipfel Russlands so ereignet. Sein Blog ist eine wahre Fundgrube an Anekdoten aus Tschukotka[6]. Ich schrieb ihn damals an, und er schickte mir den Link zu ihrer Webseite, die den merkwürdigen Projektnamen „Leavinghomefunktion“ trägt[7]. Konkrete Infos zu ihrer Tour fand ich auf dieser Seite allerdings so gut wie keine. Ich war zumindest nicht schlauer als vorher, viele Fragezeichen blieben: Sind sie tatsächlich über die Beringstraße gefahren? Wenn ja, wie ist es ihnen gelungen? Wenn nein, wie weit sind sie dann gekommen? Niemand fährt einfach so über die Beringstraße, es gibt ja nicht mal einen Weg dorthin …

Der Zufall wollte es, dass ich die bunte Truppe, bestehend aus Anne, Elisabeth, Johannes, Efy und Kaupo, noch im selben Jahr in der Schweiz bei den ersten „Discovery Days“, einem Newcomer-Wettbewerb in der Reisevortragsszene, kennenlernen sollte. Dort erfuhr ich, dass sie die Beringstraße zwar nicht queren konnten, aber Tschukotka auf sehr originelle Weise erreicht haben. So wie die Polen über den Fluss Kolyma, allerdings auf selbst gebauten Flößen, wobei die Ural-Motorräder den Antrieb bildeten! Genau auf diese Weise fuhren sie im Sommer 2016 ganze 1.400 Kilometer in völliger Autonomie, durch ein Gewirr von Flussarmen und Inseln, von Sejmtschan bis Tscherskij, um dann über die Schottertrasse durch Tschukotka fortzusetzen. Doch letztlich arbeitete die Zeit gegen sie, denn visabedingt hatten sie nur drei Monate zur

Verfügung. Keine 100 Kilometer hinter Bilibino mussten sie schließlich abbrechen und sich mit einem Kettenfahrzeug zurück in die Stadt bringen lassen. Von dort flogen sie über Kamtschatka nach Anchorage in Alaska und vollendeten ihre Reise nach New York dann über den Winter. Ihre Ersatz-Urals, die sie sich für die Tschukotka-Etappe zusätzlich in Magadan beschafft hatten, ließen sie in Bilibino zurück – bei einem gewissen Maks, der sie am Ende aus der Tundra zurückholte. Anne hatte mir viel von ihm erzählt, war er doch eine Art Schlüsselfigur, die zum Gelingen ihrer letzten Etappe beitrug. Ein sympathischer Kerl, der sich bestimmt freuen würde, wenn ich mit persönlichen Grüßen aus Deutschland bei ihm vorbeischauen sollte. Also ließ ich mir von Anne den Kontakt geben.

ZU GAST IN BILIBINO

Über meinen Sat-Messenger, einem *DeLorme InReach,* gebe ich Maks Bescheid, dass ich morgen in seine Stadt kommen werde. Er heißt mich willkommen und schreibt mir die Adresse, wo ich ihn finden würde. Direkt unterhalb des Passes, etwa 25 Kilometer vor dem Ort, schlage ich noch einmal mein Zelt auf und rolle dann tags darauf die restliche Abfahrt nach Bilibino hinab. Das Wetter ist wieder einmal hochsommerlich: Die Sonne brennt, fast 30 °C werden heute erreicht. Um mich herum sehe ich viel aufgewühlte Erde – alte Minen, neue Baustellen. Vorbeifahrende Autos wirbeln riesige Staubwolken auf, die wie Kometenschweife die Luft durchziehen. Schließlich erreiche ich den Ortseingang und fahre erst einmal ins Zentrum, denn mein Proviantpaket für die nächsten 1.100 Kilometer bis Egvekinot will noch aufgestockt werden. In einem kleinen Laden besorge ich mir den Rest, der noch fehlte: 1.900 g Nudeln, 700 g Grieß, 500 g Salami, 2 kg Mehl, dazu eine ganze Menge Kekse und *Prjaniki,* die typisch russischen Lebkuchen, die überall und zu jeder Jahreszeit erhältlich sind. Über 20 Kilogramm Lebensmittel habe ich jetzt „an Bord“, das sollte für die nächsten fünf Wochen reichen. Dann mache ich mich auf die Suche nach der Straße, die mich zu Maks bringen soll. In brütender Mittagshitze durchstreife ich die verwahrlosten Gassen des Stadtrands. Ich fühle mich wie in einem Western, auf der Suche nach einer Erfrischung im nächstbesten Saloon. Doch ich bin immer noch in der sibirischen Arktis, weit nördlich des Polarkreises – eine Tatsache, die sich in dieser wüstenhaften Atmosphäre nur schwer verinnerlichen lässt.

Fast bin ich da, wohin mich Maks haben wollte, da kommt er mir plötzlich im Auto entgegen. „*Privet* – Hallo! Da bist du ja endlich! Komm, lass uns zu meiner Garage fahren, dort können wir dein Rad abstellen.“ Maks fährt vorneweg, ich folge ihm, bis wir eine Autowerkstatt erreichen. Die „Garage“ ist in Wahrheit seine Arbeitsstelle. Gearbeitet wird heute aber nicht mehr, meine Ankunft hat automatisch den Feierabend eingeläutet. Bei einem Bierchen erkundigt sich Maks nach meinem Reiseplan und wie er mir helfen kann. Natürlich kommen wir auch auf die verrückte Tour der Hallenser Künstlergruppe zu sprechen. Man spürt, dass er die abenteuerlustigen fünf bewundert, sie vielleicht auch ein bisschen beneidet.

„Was ist eigentlich aus den zurückgelassenen Motorradgespannen geworden?“, frage ich Maks. „Die sind noch immer hier, in einem Container neben meinem Haus.“ Wir gehen hin, ich möchte sie unbedingt sehen. Als er die Containertür öffnet, blitzen sie mir aus dem Dunkel entgegen: vier archaisch anmutende Maschinen, die immer noch so dastehen, wie sie zurückgelassen wurden – unangetastet seit zwei Jahren … In den Beiwagen stapeln sich noch etliche Ausrüstungs- und Ersatzteile, die sie auf ihrem langen Flug nach Amerika nicht mehr mitnehmen konnten. Über den WhatsApp-Messenger von Maks schreibt Anne, dass es im Gepäck auch noch ein paar *Falschfejer* (abgeleitet vom deutschen Wort „Falschfeuer“) geben müsste. Diese Funken sprühenden Rauchfackeln

Die verwegene Künstlergruppe Leavinghomefunktion erreichte Tschukotka zwei Jahre vor mir mit alten Ural-Motorrädern.

In Bilibino lerne ich Maks kennen, der die zurückgelassenen Motorradgespanne noch immer aufbewahrt.

seien bei einer unmittelbaren Begegnung mit einem Bären das wirksamste Abwehrmittel. Mit einer Hitze von 1.000 Grad könne die Flamme wohl auch den angriffslustigsten Petz auf Distanz halten. Also kramen wir im verbliebenen Inventar, bis wir fündig werden. Zwei der Feuerfackeln sind noch da und wechseln nun die Besitzer. Ein Pfefferspray hätte es auch geben sollen, es wäre eine beruhigende Ergänzung gewesen, doch wir finden es nicht. Leider sind solche Sprays vollkommen unüblich in Russland, man bekommt sie nirgendwo zu kaufen. Es heißt, die russischen Bären würden sich kaputtlachen, wenn man ihnen mit einer Sprühdose begegnen würde … „Wie lange willst du die Motorräder noch aufbewahren?“, frage ich Maks. „Bis jemand kommt und sie zur Beringstraße weiterfährt.“ Sein schelmisches Grinsen verrät jedoch, dass die Geschichte der Motorräder geschrieben ist, eine Fortsetzung scheint eher unwahrscheinlich.

Maks’ Telefon klingelt. Es ist seine Frau Natascha, sie ruft zum Abendessen. Wir fahren wieder ein Stück in die Stadt hinein und halten vor einem der typischen Wohnblöcke. Wie in Jakutsk stehen sie auf Betonstelzen, damit die Abwärme der Gebäude nicht den darunter liegenden Permafrost auftaut. Die Fassaden sind farbenfroh gestrichen – ein Zeichen, dass die Stadt Geld hat und das Leben hier gar nicht so schlecht zu sein scheint. Dieser Eindruck bestätigt sich, als wir ihr Quartier im obersten Stockwerk betreten. Es ist eine angenehme Unterkunft, mit allem ausgestattet und komfortabel eingerichtet. Und der Tisch ist schon gedeckt: Es gibt eine Suppe, dazu Bratkartoffeln und *Kotelett,* wie man hierzulande die Bouletten nennt. Für die Nacht bin ich eingeladen zu bleiben. Ich nutze die Gelegenheit, meine durchgeschwitzten Sachen wie auch mich zu waschen. In den kommenden Wochen wird es nur noch das kalte Wasser der Bäche und Flüsse geben. Am späten Abend setze ich mich noch an ihren Computer, um eine E-Mail zu versenden. Doch das Internet hier ist unglaublich langsam, sodass ich bereits nach kurzer Zeit kapituliere. Wie mir Maks erklärt, laufen die Datenströme des gesamten Nordostens über nur einen Iridium-Satelliten, daher sei das Internet die meiste Zeit blockiert.

Blockiert ist leider auch mein Geruchs- und Geschmackssinn. Die Nasennebenhöhlen sind nun schon seit zwei Tagen vollkommen zu und üben einen unangenehmen Druck auf die Wangenknochen aus. Ohne Zweifel eine Sinusitis, eine heftige Nebenhöhlenentzündung. Wenn ich Pech habe, zieht sich das Ganze über Wochen hinweg. Um es nicht so weit kommen zu lassen, beginne ich am nächsten Tag mit einer Antibiotika-Behandlung. Zufällig habe ich etwas dabei, das ich mal genau für so einen Fall verschrieben bekam. Maks und Natascha bieten mir an, dass ich noch so lange bleiben könne, bis ich auskuriert bin. Doch ich will die Gastfreundschaft der beiden nicht überreizen. Besser jetzt bei hochsommerlicher Wärme weiterfahren als später bei Kälte und Wind, denn schon übermorgen soll das Wetter wieder umschlagen – dann könnte ich notfalls immer noch pausieren und im Zelt liegen bleiben. Draußen in der Natur, allein und ungestört, erhole ich mich ohnehin am besten. So hoffe ich zumindest und mache mich gleich nach dem Frühstück auf den Weg.

Maks begleitet mich noch bis zur Brücke an der Stadtausfahrt, hier verabschieden wir uns. „*Udatschi* – Viel Glück! Und pass auf dich auf, in der Tundra treiben sich viele Braunbären herum.“ Dann steigt er wieder in sein Auto und fährt zurück in die Stadt. Ich dagegen schwinge mich aufs Rad und trete weiter in die Pedale. Langsam, aber beständig kurble ich das schwer bepackte Gefährt über die staubige Piste. Mit all dem Proviant für die kommenden fünf Wochen wiegt es jetzt über 90 Kilogramm. Am Anfang schlingere ich noch ein bisschen, doch schon bald gelange ich in einen stabilen Trott. Es fühlt sich gut an weiterzumachen. Auch mit reduzierten Kräften lässt sich etwas erreichen.

5

ÜBER BERGPÄSSE INS BÄRENREICH

TAG 7, KILOMETER 276

Bilibino, der letzte Außenposten der Zivilisation, liegt nun hinter mir. Ab jetzt werde ich bis zu meinem Ziel Egvekinot keine Ortschaft mehr durchqueren und keinen Proviant nachkaufen können. Ein 1.100 Kilometer langer Ritt durch die unbesiedelte Bergwildnis Tschukotkas erwartet mich! Noch nie hatte ich auf einer Radtour eine derart lange Distanz ohne Versorgungsmöglichkeit … Der Weg raus aus der Stadt ist ganz passabel. Er führt zur Siedlung Keperveem, in der sich auch der Flughafen Bilibinos befindet. Doch schon nach wenigen Pedaltritten taucht links eine Abzweigung auf. Fast hätte ich sie übersehen, wäre da nicht noch ein Schild, das auf die 650 Kilometer entfernte Polarhafenstadt Pevek verweist. Etwa 200 Kilometer vor dieser Stadt muss ich nämlich nach Egvekinot abbiegen! Ich lenke mein Rad auf diesen schmalen Seitenweg, der überhaupt nicht aussieht, als würde

Bärenbegegnung in der offenen Bergtundra.

Hinter Bilibino geht die Taiga schlagartig in die Tundra über. Unterwegs treffe ich ein letztes Mal auf Wochenendausflügler.

er eine Fernverkehrsstraße sein. Zunächst geht es steil bergan, geradewegs über einen 650 Meter hohen Höhenrücken, den man auch als Hausberg Bilibinos bezeichnen könnte. Während ich mein schwer bepacktes Rad den Anstieg hinaufschiebe, erreicht die Mittagshitze gerade ihren Höhepunkt. Es sind mal wieder 30 °C im Schatten, auf dem Weg allerdings brennt ungefiltert die Sonne herunter. Schweiß rinnt mir aus allen Poren, lockt Mücken und Bremsen an.

Als ich fast oben bin, eröffnet sich mir ein herrlicher Weitblick über die Stadt. Wie ein Fremdkörper fügt sie sich in eine scheinbar unberührte Bergwelt. Ganze 5.000 Menschen sollen an diesem Ort leben, zum Ende der Sowjetzeit waren es aufgrund des damals aktiver betriebenen Bergbaus sogar mal 15.000. Gegründet wurde Bilibino, das den Namen des Geologen Juri Bilibin trägt, erst im Jahre 1955. Kurz zuvor entdeckte Goldvorkommen gaben den Anlass. Ende der 1960er-Jahre baute man sogar noch ein Kernkraftwerk hinzu. Es ist bis heute das kleinste und nördlichste der Welt, zudem das einzige, das in einem Gebiet mit Permafrost errichtet wurde. Etwas abseits der Stadt befindet es sich, in einem Seitental mit Stausee. 1974 ging es in Betrieb und versorgt seitdem nicht nur Bilibino und die umliegenden Bergwerke mit Energie, sondern auch die Polarhafenstadt Pevek und die Stadt Tscherskij, die jeweils über eine mehrere Hundert Kilometer lange Hochspannungsleitung angebunden sind. Da dem Kraftwerk eine Laufzeit von ursprünglich 30 Jahren bescheinigt wurde, die nun schon um mehr als 20 Jahre überschritten ist, steht es kurz vor seiner Abschaltung. Die Stromversorgung der kommenden Jahrzehnte soll dann ein schwimmendes Kernkraftwerk in der Bucht vor Pevek übernehmen. Und das alles wegen des Goldes. Hätte man hier keines der wertvollen Erze entdeckt, würden in diesem Gebiet wohl nur ein paar Tschuktschen leben und einige wenige Russen und Jukagiren, die ab dem 19. Jahrhundert einwanderten.

Auf einer steilen Serpentinenabfahrt rase ich hinab in das nächste Tal. Dort schlängelt sich mein Weg weiter durch die malerische Flussaue des Kleinen Keperveem. Fast schon wollte ich meinen, wieder tief in die Wildnis eingetaucht zu sein, als ich plötzlich Musik höre. Auf einer Schotterbank am Fluss hat sich eine größere Gruppe junger Leute zu einem Picknick versammelt. Es wird gegessen, getrunken und laut gelacht. Die Jungs aalen sich mit freiem Oberkörper in der Sonne und von den Mädchen hüpft eines im Bikini zum Wasser – eine Szene wie von einer Strandparty, nur inmitten der sibirischen Taiga. Verblüfft halte ich kurz an, doch genau in diesem Moment fallen wieder scharenweise Mücken über mich her. Hastig ergreife ich die Flucht und fahre sofort weiter. Es ist unmöglich, stehen zu bleiben, ohne dabei wahnsinnig zu werden. Wie schaffen es nur die Jugendlichen, so entspannt zu feiern? Bin ich hier der Einzige, den die Mücken so mögen? Auf den folgenden Kilometern treffe ich noch einige weitere Gruppen: Familien mit Kindern, Paare, Einzelgänger. Sie angeln, trinken Bier oder sitzen einfach an einem rauchigen Feuer. Manche sind mit ihrem Auto direkt ins Flussbett gefahren und haben sich ein richtiges Zeltlager aufgebaut. Nun ja, es ist Samstag, so sieht hier das Wochenende aus. Wer seine Zeit gern in der Natur verbringt, fährt halt raus.

SCHUTZSUCHEND IN DIE TUNDRA

Bei Kilometer 35 ist es dann so weit: Mit einem Schlag verlasse ich die Taigazone, als hätte jemand eine Linie durch die Landschaft gezogen. Hier beginnt nun die für Tschukotka typische Tundra, in der nur noch Gräser, Flechten und Moose wachsen, an begünstigten Stellen allenfalls noch kleinere Büsche. Es ist ein schutzloses Land, in dem ich von nun an den launischen Wetterwechseln voll und ganz ausgesetzt sein werde. Vor allem vor dem Wind werde ich mich nicht mehr verkriechen können. Doch im Moment hat dieser Umstand auch seine Vorteile.

Flussquerungen sind nun an der Tagesordnung, denn Brücken gibt es hier keine mehr.

Eine leichte Brise ist aufgekommen, und schwupps sind die Mücken wie weggeblasen – eine regelrechte Wohltat! Leider ist auch der Himmel zugezogen. Es sieht sehr danach aus, dass das Wetter schon in der Nacht umschlagen wird und der seit vier Tagen andauernden Hitzewelle ein jähes Ende bereitet. Ich sollte mir also einen guten Platz für mein nächstes Lager suchen, um dort notfalls etwas länger ausharren zu können. Maks erzählte mir von einer „Kabine", die sich etwa 50 Kilometer hinter Bilibino inmitten der Tundra befinden soll. Es wäre gut, sie noch heute zu erreichen.

Ich bin schon fast am Ziel, da kommen mir plötzlich drei Autos entgegen. Zwei von ihnen halten, und ehe ich realisiere, was so eine Begegnung in der Tundra für eine Bedeutung hat, bin ich schon von deren Insassen umringt. Es sind Leute aus Bilibino, die für ihren Wochenendausflug etwas weiter rausgefahren sind. An sich würden sie noch bis Sonntag bleiben, doch die Wettervorhersage ist eindeutig: Morgen wird es ungemütlich, deshalb fahren sie schon jetzt zurück. Aber für eine kleine Pause ist immer Zeit, und so holen sie mich spontan in eines ihrer Autos und servieren mir voller Selbstverständlichkeit einen Tee und eine deftige Portion ihrer übrig gebliebenen Fischsuppe. Während ich plaudernd den Fisch von seinen Gräten befreie, werde ich weiter versorgt. Eine der Frauen, Natalia, stellt mir für die Weiterfahrt ein richtiges Lunchpaket zusammen: mit Brot, Wurst, Käse, Gurken, Tomaten, Keksen und Konfekt. Ein paar Räucherspiralen zur Mückenabwehr legt sie auch noch dazu. Im Grunde alles, was von ihrem Ausflug übrig geblieben ist. Als Natalia hört, wo ich hinwill, erzählt sie mir, dass sie sowohl in Egvekinot an der Beringsee als auch in Mys Schmidta (übersetzt „Kap Schmidt") an der Tschuktschensee gelebt hat. Ihr Mann war angeblich schon überall in Deutschland als Fernfahrer unterwegs, und in Pevek arbeitete er mit einem Radfahrer zusammen, der inzwischen ein guter Freund von ihm sei. „Wie heißt dieser Radfahrer?", frage ich. Sie überlegt kurz, dann fällt ihr der Name wieder ein: „Juri heißt er. Juri Kapasev." Natürlich ist es genau der Juri, den ich vor meiner Reise mal angeschrieben hatte. Die Welt hier draußen ist wirklich klein. Irgendwie scheinen sich in Tschukotka alle zu kennen.

Gegen halb zehn wird schließlich zur Weiterfahrt gerufen. Man wünscht mir Glück, wir umarmen uns, und wenige Minuten später stehe ich wieder allein in der menschenleeren Tundra. An einer Bachfurt fülle ich mir noch etwas Wasser ab. Dann fahre ich eine kleinere Anhöhe hinauf, in der Hoffnung, die prophezeite Kabine endlich erspähen zu können. Doch es ist immer noch nichts zu erkennen – nichts, das sich in irgendeiner Form aus der kargen Landschaft erhebt, geschweige nach einem schützenden Verschlag aussieht. Da es nun auch schon anfängt zu regnen, entscheide ich mich, an Ort und Stelle zu bleiben. Ich gehe noch bis zu einer einzelnen, verloren wirkenden Lärche, die dem Platz einen anheimelnden Charakter verleiht. Dann stelle ich schnell mein Zelt auf, verankere es mit allen verfügbaren Heringen und verziehe mich sofort ins Innere.

Der nächste Tag präsentiert sich wie erwartet ungemütlich frisch. Bei nur noch 10 °C hat der böige Wind auf Ost gedreht. Immerhin regnet es nicht mehr, doch wegen des scharfen Windes, der mir bei einer Weiterfahrt genau ins Gesicht blasen würde, entscheide ich mich nun für den längst überfälligen Pausentag. Mein Gesundheitszustand ist noch immer miserabel. Der Nebenhöhlenentzündung hat sich noch eine üble Bronchitis hinzugesellt, die mich seit gestern wie einen Kettenraucher husten lässt. Ich bleibe den ganzen Tag im Zelt, döse, esse, schreibe, plane … Nur für die Frühstücks- und Abendmahlzeiten gehe ich hinaus, um sie mit dem Benzinkocher zuzubereiten. Um auch in der baumlosen Tundra weiter warme Mahlzeiten essen zu können, hatte ich mir bei Maks noch zwei Liter Benzin abgefüllt.

Obwohl tags darauf immer noch ein frischer Gegenwind weht, entscheide ich mich weiterzufahren. Mehr als zwei Nächte an einem Ort halte ich es in der Regel nicht aus. Nicht, wenn ich ein Ziel vor Augen habe und das Zeitfenster limitiert ist, um es zu erreichen. Zudem erzählte mir Maks noch von einer *Elektrostantsija,* einem Umspannwerk, an dem auch Leute leben. Soweit ich das verstanden habe, hat er mich sogar schon bei ihnen angekündigt. Eine gute Möglichkeit, bei diesem ungemütlichen Wetter noch einmal in einer festen Unterkunft unterzukommen. 50 Kilometer sind es bis dorthin – eine Strecke, die im Rahmen einer Tagesetappe gut zu schaffen sein sollte.

Als ich mich auf den Weg begebe, schaut sogar die Sonne heraus und taucht die kahle Bergtundra in ein kontrastvolles Licht. Am Wegesrand blühen Weidenröschen, Wildrosen und andere, mir unbekannte gelbe, weiße und violette Blumen, die als leuchtende Farbtupfer die Landschaft aufhellen. Wieder einmal fühle ich mich nach Kirgistan versetzt: Licht, Landschaft, Vegetation, ja auch die Temperaturen erinnern mich an meine Passgänge im Tienschan. Bedingungen, die man dort erst auf 3.000 bis 4.000 Metern vorfindet, herrschen hier schon auf wenigen Hundert Metern über dem Meeresspiegel. Kein Wunder, dass ich das Gefühl habe, durch ein Hochgebirge zu wandeln, obwohl die heutigen Pässe gerade mal 750 Meter über Normalnull aufragen. Die langen Anstiege gehe ich konsequent zu Fuß, um nicht zu sehr ins Schwitzen zu geraten. In meinem angeschlagenen Zustand kann ich es mir nicht leisten, die anstrengenden Höhenmeter im T-Shirt zu erklimmen. Wie an windigen Wintertagen ziehe ich mir meine Wetterjacke verkehrt herum an, damit der warme Rücken über den offenen Reißverschluss abdampfen kann, während ich vorn gegen den kalten Luftzug geschützt bleibe.

Am Abend wird es dann aber doch etwas ungemütlicher als erwartet. Auf 4 °C hat es sich abgekühlt, während der beißende Nordostwind mit jeder Böe an meinem Wohlbefinden zerrt. Ich ziehe meinen Jackenkragen hoch und fahre weiter, bis das besagte Umspannwerk auftaucht. Doch als ich die Stelle erreiche, an der ich die bewohnte Hütte schon erkennen kann, wird mir klar, dass sie gar nicht so einfach zu erreichen ist. Ein breiter Fluss liegt dazwischen. Ihn nur des Nachtlagers wegen zu durchqueren, dazu noch bei dieser Kälte, reizt mich überhaupt nicht. Resigniert stelle ich mein Zelt in die buschige Aue und schiele immer mal wieder neidisch zur Hütte rüber. Rauch steigt aus dem Schornstein empor, aber von den Einsiedlern bekomme ich keinen zu sehen. Via Satellit schreibe ich Maks, dass ich seine Bekannten nicht besuchen werde. Es ist der einzige Weg, Kontakt zu diesen Leuten aufzunehmen, obwohl sie nur wenige hundert Meter von mir entfernt sind.

In der Nacht gibt es Frost bis -4 °C! Ich ziehe meine Mütze über die Nase und bleibe im Schlafsack liegen, bis die Sonne eine spürbare Wärme verbreitet. Gegen Mittag mache ich mich wieder auf den Weg. Die Zahl der Furten nimmt stetig zu – sechs Bäche und drei Flüsse müssen heute durchquert werden. Das heißt: jedes Mal Schuhe aus und barfuß durch. Der letzte Fluss mit dem Namen Rautschua ist dann allerdings so tief und die Strömung so stark, dass es mich schon beim Reinsteigen fast wegspült. Vielleicht würde ich das Rad abgepackt gerade so rübertragen können, doch zurück ohne Ballast, um noch die Packtaschen und den Rucksack nachzuholen, hätte ich in den oberschenkeltiefen Fluten keinen Halt mehr. Zum ersten Mal entscheide ich mich, mein Packraft aufzubauen, um die Furt paddelnd zu queren. Mit dem Pumpsack dauert es nur wenige Minuten, bis das kleine Schlauchboot startbereit ist. Den fehlenden Rest puste ich mit Lungenkraft hinein, bis der Schlauch prall genug ist. Dann werfe ich all mein Gepäck in das Boot, lege mein Rad darauf und ziehe es ins Wasser. Für mich selbst gibt es keinen Platz mehr, ich setze mich von der

Eine spürbare Anspannung durchzieht meinen Körper, lässt mich in eine fokussierte Habachtstellung gehen. Unweigerlich greife ich nach meiner *Raketnitsa*, die sich stets schussbereit in der Außentasche meiner Trekkinghose befindet.

Seite her auf das Gepäck, lasse meine Füße im Wasser baumeln und steuere den überladenen Frachtkahn mit ein paar schnellen Paddelschlägen an das gegenüberliegende Flussufer. Die flotte Strömung treibt mich derweil ein ganzes Stück flussabwärts. Doch bevor es mich in die verbuschte Aue zieht, schrammt das Boot schon über die ersten Ufersteine. Genau in dem Moment springe ich ins Wasser und ziehe es an Land. Geschafft! So eine Flussquerung per Boot ist definitiv sicherer und einfacher. Mit der ganzen Umpackerei vergehen allerdings fast anderthalb Stunden, bis mein Rad wieder startklar ist.

Als ich am Abend mein Zelt unweit des Weges in die Tundra stelle, setzt Schneeregen ein – Hochsommer auf Tschuktschisch … Im Schlafsack liegend lausche ich dem Pladdern der Regentropfen. Seit dieser tiefen Flussfurt habe ich das Gefühl, die Zivilisation weit hinter mir gelassen zu haben. Mir wird bewusst: Hier draußen bin ich vollkommen auf mich gestellt. Normale Autos oder Geländewagen kommen hier keine mehr hin. Allenfalls die großen Trucks schaffen es noch, sich einen Weg durch die tiefen Flüsse zu bahnen. Heute traf ich gerade mal zwei von ihnen.

FÜNF AUF EINEN STREICH

Inzwischen hat mir Maks geantwortet. Er fragt mich, ob ich denn noch keine Bären getroffen habe? Offenbar macht er sich wirklich Sorgen. Ich schreibe ihm zurück, dass alles entspannt ist: *Bisher keine Bären gesehen, alles gut.* Vermutlich meiden sie auch in Tschukotka die Menschen. Die Gefahr, von einem zufällig vorbeikommenden Trucker erschossen zu werden, ist ihnen sicher bewusst. Doch wie ist es mit einem Radfahrer? Wenn keine lärmenden Fahrzeuge mehr fahren, könnten sie ihre Scheu vor der Trasse verlieren. Eine Befürchtung, die sich schon tags darauf bewahrheiten soll, als ich wieder auf der Piste bin. Es ist der erste Tag der Tour, an dem ich keinerlei

Zwei der fünf Bären schauen mir noch lange nach.
Als ich den höchsten Pass der Tour erreiche, legt
sich ein malerisches Licht über das Land.

schärft sich mein Blick für jedes ungewöhnliche Detail. Ein dunkler Fleck, ein großer Felsbrocken, ein Wurzelballen im Flussbett – alles, was im ersten Moment nach einem Braunbären aussieht, lässt nun sofort meine Alarmglocken läuten. Es dauert eine Weile, bis ich mich wieder beruhige und das Risiko einer weiteren Bärenbegegnung einfach hinnehme. Immerhin hat dieses erste Zusammentreffen gezeigt, dass auch die Bären Tschukotkas lieber Abstand halten und dem Unbekannten mit Respekt begegnen. Ausnahmen kann es natürlich immer geben, aber die liegen in der Hand des Schicksals.

Während ich zum letzten und höchsten Pass vor dem Tschaun-Tiefland hinaufstapfe, reißt unvermittelt die Wolkendecke auf. Ein herrliches Licht legt sich kontrastvoll über das karge Bergland, lässt es wie aus einer verwunschenen Welt erscheinen. Schroffe Bergwände und frisch verschneite Gipfel tauchen aus dem Nebel, nur der Pass bleibt hartnäckig von einem mystischen Grau umgarnt. Begeistert von dieser atmosphärischen Stimmung gehe ich weiter, bis ich auf fast 800 Metern ein schönes Plätzchen zum Lagern ausmache – mit einem wundervollen Ausblick über das hinter mir liegende Tal. Genau hier stelle ich mein Rad an einen größeren Felsbrocken und baue im letzten Sonnenlicht mein Zelt in die trockene Flechtentundra. Ein malerisches Bergpanorama umgibt mich, mit allmählich rot glühenden Gipfeln, die hier eine Höhe von 1.600 Metern erreichen. Während ich mir mein Abendessen koche, kommt von unten ein Rotfuchs hinaufgelaufen. In einem großen Bogen umgeht er meinen Lagerplatz in Richtung Pass. Kein Laut ist zu vernehmen, es herrscht eine durchdringende meditative Ruhe, sogar die Mücken haben sich mal verzogen. Ich liebe solche Momente! Sie sind Belohnung und Rechtfertigung für alles, was ich bisher auf mich genommen habe, um in dieses abgeschiedene Land einzutauchen.

6

FURT UM FURT DURCH DIE TSCHAUNEBENE

TAG 12, KILOMETER 443

Der nächste Morgen begrüßt mich mit einem makellos blauen Himmel und strahlendem Sonnenschein. Grashüpfer zirpen in der Tundra – ein unerwartetes Geräusch, das mich sofort an den heimischen Sommer erinnert. Vor mir liegt nun das Tschaun-Tiefland, eine weitläufige Ebene, die von etlichen großen Flüssen durchschnitten wird. Aus dem Tourbericht der polnischen Motorradfahrer, die vor neun Jahren als wahrscheinlich erste Ausländer hier durchgekommen sind, wusste ich, dass sich einige dieser Flüsse nur mit Schwimmhilfen queren lassen. Anders als die bunte Truppe aus Halle, die für ihre schweren Motorradgespanne einen Trailer bauten, der sich mit zwei aufblasbaren Schwimmkörpern zu einem Ponton erweitern ließ, benötigten die Polen nur die Schwimmkörper. Sie legten drei solche aufblasbaren Schläuche aneinander, und fertig war ihr Motorrad-Floß, mit dem sie

Die nächste Etappe ist geprägt von unzähligen Flussquerungen.

Kaiserwetter begleitet mich vom Pass in die Tschaunebene. Über dem flachen Nordhorizont sehe ich dann das erste Mal die Mitternachtssonne.

letztlich alle schwierigen Flüsse in Eigenregie überqueren konnten[2]. Für einen Radreisenden genügt dagegen der Einsatz eines klassischen Packrafts. Ohne dieses kleine Schlauchboot oder alternative Schwimmhilfen wäre ich auf der kommenden Etappe definitiv aufgeschmissen; so gesehen ist es die wohl schwierigste der Tour. Jetzt wird sich zeigen, wie sehr ich gewillt bin, mein Ziel aus eigener Kraft zu erreichen, ohne dabei auf eventuelle Mitfahrangebote der wenigen Truckfahrer einzugehen. Eine Woche werde ich sicher brauchen, um diese hindernisreiche Strecke hinter mich zu bringen. Bis zum Abzweig nach Egvekinot sind es noch 290 Kilometer.

12. Juli: Mit einem Affenzahn rolle ich vom bisher höchsten Pass der Tour hinab in die flache Ebene. Ich genieße das Licht, die Farben, mein Vorankommen. Immer wieder schweift mein Blick hinüber zu den Bergketten im Süden, die sich in einem wunderschönen Kontrast zwischen hellgrüner Tundra und hellblauem Himmel erheben. An Zuckerguss erinnernde Altschneebänder überziehen ihre Grate und Hänge, geben ihnen Struktur und Charakter. Von dort hinten kommt all das Wasser, das in großen Strömen quer durch das Tschaun-Tiefland in die Tschaunbucht fließt.

Plötzlich taucht ein markanter Abzweig nach Süden auf, der unweigerlich meine Neugier weckt. Ich hatte an dieser Stelle eine schlechte Bergbaupiste erwartet, nicht aber einen so gut ausgebauten Weg. Wohin er wohl führt? Die Antwort folgt schon bald, als nach fast 48 Stunden ohne Fahrzeugbegegnung zwei Trucks von genau dieser Trasse kommen. Die Fahrer erzählen mir, dass der Weg, der einst nur ein paar Minen in den Bergen ansteuerte, inzwischen bis in das 100 Kilometer entfernte Dorf Ilirnej am Kleinen Anjuj führt. Aber damit noch nicht genug: Eine weitere Verlängerung ist geplant, genau genommen bis zur Kolyma-Trasse in Richtung Magadan. Eine ganzjährig fahrbare Straßenanbindung an das russische Kernland soll hier entstehen! Ein gigantisches Vorhaben, von dem ich zwar schon gehört hatte, aber nie so recht glauben wollte, dass bereits aktiv an der Umsetzung gearbeitet wird. Immerhin muss hier noch eine Strecke von mehr als 1.000 Kilometern aufgeschottert werden – durch ein sehr abgeschiedenes und schwer zugängliches Gebirgsareal. Bis 2030 will man sie fertiggestellt haben, doch das Bautempo ist mit nur 10 bis 20 Kilometern pro Jahr extrem langsam. Offenbar reicht die Finanzierung nicht aus, um in der gleichen Geschwindigkeit voranzukommen, wie es mit der bereits fertiggestellten Piste von Anjujsk nach Egvekinot geschehen ist. Ein spendabler Gouverneur müsste wieder her! Es ist also anzunehmen, dass bis zur Fertigstellung dieser Trasse noch einige Jahrzehnte vergehen werden.

Nach wenigen Kilometern folgt bereits der nächste auffällige Abzweig nach Süden. Es ist ein breiter Schotterdamm, den ich auch schon auf den Sat-Bildern gut erkennen konnte. Er führt zu einer weit entfernten Goldmine namens „Kupol“, die sich komplett in kanadischer Hand befindet. Bereits 2005 hat das Unternehmen Kinross Gold mit Sitz in Toronto diese Mine erschlossen, und es ist anzunehmen, dass sie einer der Gründe ist, warum es in dieser Gegend zu einem Ausbau des sommerlichen Wegenetzes kam. Direkt vor mir befindet sich die zugehörige Arbeiterbasis „Kinross“. Ich kann sie am Horizont bereits sehen, sie ist nur 17 Kilometer entfernt. Doch bis ich dort bin, vergehen noch ganze fünf Stunden. Zwei große Flüsse liegen dazwischen, der Rechte Jarakvaam und der Leljuveem, wobei mich alle beide zu einer Querung mit dem Boot zwingen. Als ich schließlich kurz vor zehn die Basis erreiche, ist es still und niemand zu sehen. Ich klopfe an eine Tür, doch es öffnet niemand. Es wäre durchaus interessant gewesen, einen Blick hineinzuwerfen, mit den Leuten ins Gespräch zu kommen. Da es aber ansonsten keinen Grund für mich gibt, hier zu verweilen, fahre ich ohne Umschweife weiter, um etwas abseits mein Zelt in der Tundra aufzustellen.

Überall in Sibirien trifft man auf Möwen …

Das erste Mal sehe ich jetzt ganz bewusst die Mitternachtssonne am Nordhorizont entlangschleifen, gekrönt mit einer hellen Lichtsäule. Ich schraube meine Pentax aufs Stativ und fotografiere über zwei Stunden ihren Lauf, um daraus später einen Zeitraffer zu machen. Währenddessen versuche ich, von Mücken umringt, den Benzinkocher in Gang zu bringen. Seit einigen Tagen schon macht er Probleme, lässt die Flamme nur noch minimal brennen, doch heute geht sie immer wieder aus. Wahrscheinlich ist die Leitung verstopft, ein Problem, das ich schon vor einem Jahr auf dem gefrorenen Polarmeer hatte, als ich anfing, unterwegs abgefülltes Benzin zu verwenden …

⊙ ***Tageskilometer: 52, Flussfurten: 11, davon mit Boot: 2***

BEGEGNUNGEN MIT NACHHALL

13. Juli: Der südliche Wind hat über Nacht ordentlich angezogen und pfeift nun mit Stärke 5 bis 7 über die schutzlose Tundra. Der Sonnenschein ist aber geblieben, und auch die Temperaturen erreichen im Tagesverlauf wieder 20 °C und mehr. Leider plagen mich heute Kopfschmerzen, sodass ich bis zum Nachmittag im windgeschützten Zelt liegen bleibe. Die Außenhülle flattert unaufhörlich und sorgt für eine permanente Unruhe. Den Schlafsack, den ich schon morgens zur Abschattung aufs Zelt gelegt hatte, muss ich diesmal mit Steinen fixieren, damit er nicht ständig weggeweht wird. Ich nutze die Zeit und widme mich noch einmal dem Kocherproblem. Mehrfach zerlege ich ihn, reinige, was zu reinigen geht, und prüfe jedes Mal aufs Neue den Verbrennungsvorgang – mal ohne Reinigungsdraht in der Leitung, mal ohne Schüttelnadel in der Düse, mal ohne Düse … Doch es ist immer das Gleiche: Vorheizen ist möglich, aber schon kurz darauf kommt nichts mehr durch, und die allmählich ins Blau übergehende Flamme erstickt. Offenbar verstopfen Dreckpartikel aus der Leitung jedes Mal aufs Neue die Düsenöffnung. Ich kratze sie aus und schraube sie noch einmal ohne die Nadel ein. Jetzt brennt die Flamme, zumindest geht sie nicht wieder aus. Wahrscheinlich muss ich das jetzt immer so machen …

Während ich den Kocher teste, höre ich auf einmal ein ungewöhnliches Geräusch. Irgendetwas ist da draußen, das vorher noch nicht da war. Ich öffne den Zelteingang, blicke in alle Himmelsrichtungen und sehe: Tundra. Doch dann eine Bewegung – ein Tier. Schnell steige ich ganz aus dem Zelt, richte mich auf und erkenne erst jetzt, dass sich unweit meines Lagerplatzes ein paar Rentiere eingefunden haben. Und nicht nur an dieser Stelle, überall um mich herum sehe ich auf einmal Rentiere – ich stecke mitten in einer Herde! Durch die Windgeräusche hatte ich sie nicht kommen hören. Interessant, dass sie sich von einem Zelt in der Tundra nicht verunsichern lassen. Erst jetzt, als ich hinaustrete, um ein paar Fotos zu machen, entfernen sie sich mehr und mehr und ziehen weiter. Es ist ein lockerer Verbund, eine ganze Weile noch sehe ich in der Ferne ein paar Grüppchen durch die Tundra springen, bis wieder die übliche Leere einkehrt.

Der Wind pfeift immer noch, aber zum Glück nicht mehr ganz so kräftig. Es wäre gut, noch ein paar Kilometer vorwärtszukommen. Ohne Druck, ohne Ziel, einfach ein Stück weiter. Steter Tropfen höhlt den Stein – diesen Wegabschnitt mit all seinen Flussquerungen kann ich nur schaffen, wenn ich beharrlich bleibe und mich Stück für Stück durchbeiße. Heute gibt es nur einen großen Strom zu queren, den Omrel'kaj, dafür allerdings gleich dreimal. Hätte man den Schotterdamm etwas abseits gelegt, wäre es nur eine Flussfurt gewesen. Immerhin komme ich durch, ohne abzupacken oder das Boot aufbauen zu müssen. Ich kremple einfach die Hosenbeine hoch und laufe mit meinen Trekkingsandalen hindurch. Als die zweite Flusspassage auftaucht, kommen gerade zwei Laster von hinten herangerollt. Sie stoppen, und zu meinem Erstaunen steigen mal keine kernigen Trucker aus, sondern ein jüngeres Paar – die ersten Touristen!

Interessiert kommen sie auf mich zu und stellen sich vor, es sind Sergej und seine Freundin Jana, die Tschukotka per Anhalter bereisen. Tatsächlich wirken sie wie klassische Tramper, tragen lockere Kleidung und ein freundliches Lächeln im Gesicht. Sergej scheint der Planer zu sein, er führt das Gespräch, während sich Jana im Hintergrund hält. Einen Moment lang bin ich abgelenkt von ihren stechend blauen Augen. Ihr Blick hat etwas Mysteriöses, als verberge sich dahinter eine Persönlichkeit mit besonderer Tiefe. „Wie seid ihr eigentlich hergekommen?", frage ich. „Auf dem Landweg", erwidert Sergej, der ins Englische wechselt, nachdem er bemerkt hat, dass mein Russisch nicht besonders gut ist. Ich erfahre, dass sie zunächst mit der Transsibirischen Eisenbahn bis nach Nerjungri im südlichen Jakutien gefahren sind und dann weiter per Anhalter nach Sejmtschan an der Kolyma. Dort warteten sie einige Tage, bis am 29. Juni die erste Barge des Jahres auslief und mit ihnen den Fluss in Richtung Tscherskij hinabfuhr. Wegen des Hochwassers kamen sie gut voran, der Frachtkahn brauchte nur fünf Tage bis Anjujsk. Es gab aber auch sechs Pausentage an den Anlegern, sodass sie erst nach elf Tagen Tschukotka erreicht haben. Seitdem trampen sie weiter nach Egvekinot. Von dort wollen sie dann auf eigene Faust zum Kap Dezhnev fortsetzen. Mit einem motorisierten Katamaran, den sie vor Ort aufbauen wollen. Die Schwimmkörper lassen sie sich per Kurier aus Moskau schicken, den Motor kaufen sie dort, und das Tragdeck planen sie aus dem zusammenzusetzen, was sie an ihrem Startpunkt finden können. „Fahrt ihr dann entlang der Südküste zum Kap?", frage ich. „Nein, wir wollen über die Amguema zur Nordküste und entlang dieser dann nach Osten."

Faszinierend! Sie planen also, auf gleicher Route die Küste zu erreichen wie ich. Doch bevor ich nachhaken kann, steigen sie schon wieder in die Trucks. Die Fahrer wollen weiter, und so verabschieden wir uns kurzerhand. Schade. Ich hätte gern noch ein bisschen mehr über das sympathische Duo und seinen außergewöhnlichen Reiseplan erfahren. Wie gehen sie mit der Eisbärengefahr an der Tschuktschensee um? Wie haben sie sich darauf vorbereitet? Und wie geht es weiter, wenn sie das Kap Dezhnev erreicht haben? Fragen über Fragen, die noch lange durch meinen Kopf hallen. Da trifft man das erste Mal auf andere Reisende und bekommt gleich so eine verrückte Geschichte serviert. Tschukotka – das Ende der Welt – scheint ein Ort der besonderen Begegnungen zu sein. Wen es hierhin verschlägt, der hat in der Regel einen langen und beschwerlichen Weg auf sich genommen. Oder eine total verrückte Idee im Kopf. Hier treffen sich die Träumer, die Idealisten, die Abenteurer – Menschen mit starkem Willen, besonderem Charakter und durchgeknallten Visionen. Doch das wirklich Besondere daran ist: Hier draußen trifft man sich nicht nur, hier begegnet man sich – stets aufrichtig, aufgeschlossen, authentisch!

⊙ ***Tageskilometer: 37, Flussfurten: 5, davon mit Boot: –***

14. Juli: Typisches Tschuktschen-Wetter hat sich eingestellt – mit tief hängenden Wolken, zeitweiligem Regen und wieder kühlen Temperaturen. Ich mache mich trotzdem auf den Weg, es muss ja irgendwie weitergehen, immerhin geht es mir gesundheitlich schon etwas besser. Zwei riesige Flüsse liegen vor mir, ihre Querung wird wohl etwas anspruchsvoller sein als bisher. Als ich den ersten mit dem Namen Putsch'eveem erreiche, stehe ich vor einer weitverzweigten Aue mit etlichen Neben- und Hauptarmen. Ich muss also mehrmals durchs Wasser, um diesen einen Fluss zu queren. Das Schwierige daran: Auf den Schotterbänken dazwischen kann ich kaum noch erkennen, wo der Weg weiterführt. Ab und zu entdecke ich Fragmente einer verwischten Fahrspur, ansonsten geht es einfach der Nase nach. Immer die flachste Stelle suchend, arbeite ich mich von einem Nebenarm zum nächsten durch die Aue. Bis der erste Hauptarm auftaucht, der sich nur noch per Boot queren lässt. Ab hier geht es dann abgepackt weiter, also auch über die nun folgenden Schotterbänke. Ist der

Mitten in der Tundra treffe ich auf das sympathische Tramperpaar Sergej und Jana.

Trassenarbeiter aus Pevek laden mich auf einen Umtrunk ein. Als ich weiterfahre, scheint sich mein Blick getrübt zu haben …

Abstand zum nächsten Hauptarm etwas länger, hänge ich die Gepäcktaschen an das Rad und schiebe es zur nächsten Furt. Das aufgeblasene Boot mit Paddel und Rucksack hole ich in einem zweiten Gang hinterher, um es gleich wieder ins Wasser zu setzen. Mehr als drei Stunden vergehen, bis ich endlich auf der anderen Seite bin.

Als ich schließlich mein voll bepacktes Rad über eine Böschung aus der Aue schiebe, kommt mir ein Personentransporter mit Arbeitern aus Pevek entgegen. Alle steigen sie aus, schütteln mir die Hand und machen Fotos mit ihren Handys. Einer kommt mit drei Broten und fünf Fleischkonserven auf mich zu und legt das Ganze auf mein Fahrrad. „Leute, das ist zu viel! Ich kann das nicht transportieren!", rufe ich in die Runde. Doch Widerstand ist zwecklos, ich muss alles mitnehmen. An sich eine tolle Sache, dass ich hier draußen so gut versorgt werde, doch der viele Proviant könnte ruhig mal etwas weniger werden. Das Rad ist gefühlt immer noch so schwer wie beim Verlassen Bilibinos.

Kurz darauf begegnet mir schon der nächste Tross, bestehend aus zwei Lastern und einem Traktor. Eines der Fahrzeuge zieht eine Kabine hinter sich her, in der sich die Kolonnenfahrer bei längeren Pausen zurückziehen können. In genau diese werde ich nun sofort eingeladen, und eine Flasche Wodka macht die Runde. Ich bin zu Gast bei vier Männern unterschiedlicher Herkunft: Azad ist ein Azeri, Rafik ein Tatar, Juri ein Tschuktsche und Viktor der einzige „echte" Russe. Es ist eine lustige, gut gelaunte Truppe, die sich blendend versteht und permanent irgendwelche Scherze treibt. Neben dem Wodka gibt es noch Letschogemüse, Konservenfleisch und Kaffee. Und für mich, für unterwegs, natürlich wieder ein sackschweres Proviantpaket, in dem sich unter anderem ein Glas Gemüse und eine Dose Kondensmilch befindet. Einen halben Liter Spiritus bekomme ich auch noch mit auf den Weg – damit ich mir meinen eigenen Wodka mischen kann. Azad verrät mir sein Geheimrezept: „Nimm dir eine Literflasche, fülle sie zur Hälfte mit Wasser, die andere Hälfte mit dem *Sprit*, dann noch eine Löffelspitze Zucker, das Ganze kräftig schütteln und fertig ist der Wodka." Alles klar. Hier draußen, wo es über Hunderte Kilometer keinen Laden gibt, weiß man sich zu helfen …

Dann erzählen sie mir, dass es außer mir noch eine allein reisende Frau gibt, die mit Rucksack und Boot nach Egvekinot gehen will. Die Jungs hatten sie in Pevek aufgegabelt und bis zum Abzweig mitgenommen. Marina sei ihr Name, sie wäre wohl eine bekannte russische Reisende. Ob ich sie auch kenne? Rafik zeigt mir ein Bild auf seinem Smartphone, auf dem eine Frau mittleren Alters zu erkennen ist. Vor ihr ein selbst gebasteltes Schild mit der Aufschrift „Pegtymel" – offenbar ihr nächstes Tramper-Ziel. Plötzlich klingelt es in meinem Kopf. „Ja, klar … das muss Marina Galkina sein! Hieß sie mit Nachnamen Galkina?" Sie zucken mit den Schultern, so genau wissen sie es auch wieder nicht. Aber ich bin mir ziemlich sicher. Es passt irgendwie, dass sie ausgerechnet jetzt wieder durch Tschukotka reist.

Vor genau 20 Jahren, im Spätsommer 1998, war sie schon einmal hier. Auch damals allein, mit einem Rucksack und einem Faltkajak, und zwar noch bevor es die Sommerpiste quer durch die Tundra gab. Auf einer individuellen, zuvor noch nicht begangenen Route durchquerte sie die komplette Tschuktschen-Halbinsel von Süd nach Nord – von der Provinzhauptstadt Anadyr bis zum Küstendorf Billings – 1.000 Kilometer durch weglose Bergwildnis. Ganze zwei Monate war sie unterwegs, in dieser Zeit vollkommen auf sich gestellt und ohne irgendwelche Nahrungsdepots angelegt zu haben. Entsprechend schwer war ihr Rucksack zu Beginn der Tour: Er wog 42 Kilogramm, wobei allerdings nur elf Kilogramm den Proviant ausmachten, dafür neuneinhalb das Kajak. Derart ausgerüstet musste sie zunächst etwa 600 Kilometer flussaufwärts in das zentrale Tschuktschengebirge hineingehen und dort noch über einige Bergpässe, um auf die andere Seite zu gelangen. Erst dann erreichte sie den Fluss Pegtymel, auf dem sie zum finalen Rafting in Richtung Eismeer übergehen konnte.

Eine Wahnsinnsleistung, für die Marina in der russischen Reiseszene viel Anerkennung erhielt und den Titel „Champion für Sporttourismus 1998". Sie schrieb auch ein Buch über ihre Solo-Expedition – eines, das ich im Laufe meiner Recherchen im Internet fand. Später entdeckte ich auch ihren YouTube-Kanal und verfolgte einige ihrer zahlreichen Wildnistouren durch die abgelegenen Gebiete Sibiriens. Dabei setzte Marina stets ganz eigene Akzente und verwirklichte mitunter sehr anspruchsvolle Varianten, für die sich wohl kaum ein Nachahmer finden wird[8]. Was sie wohl diesmal in Tschukotka vorhat? Sich einfach nur per Anhalter nach Egvekinot bringen lassen, ist definitiv nicht ihr Stil. Sie wird bestimmt irgendwo in die Berge gehen. Und sicher wird es wieder irgendeine außergewöhnliche Route sein.

Gegen 21 Uhr verabschiede ich mich von der munteren Truppe und begebe mich hinaus in die plötzlich vernebelte Tundra. Oder ist es der Alkoholpegel, der jetzt meinen Blick trübt? Es wäre wohl das Beste, sich umgehend ins Zelt zu verkriechen und den Rausch auszuschlafen. Doch irgendwie ist mir noch nicht danach. Mich packt eine energiegeladene Unternehmungslust, die mich unbeirrt in die schummrig helle Nacht weiterfahren lässt. Als der zweite große Fluss auftaucht, der Ugatkyn, bin ich immer noch nicht zu bremsen, rolle schnurstracks in die Aue und durchwate fast schon routiniert die ersten Seitenarme des Flusslaufs. Dann folgt ein tieferer Kanal, und ich suche nach einer flachen Stelle, die sich noch zu Fuß queren lässt. Schließlich meine ich eine gute Stelle ausgemacht zu haben, lege einen Teil des Gepäcks ab, um das Rad hoch genug heben zu können, und steige in die rauschenden Fluten. Schritt für Schritt taste ich mich vor, es scheint zu klappen. Auf den letzten Metern wird das Wasser dann allerdings doch etwas tiefer als erwartet. Die Strömung drückt, ich kann mich kaum noch halten, habe Angst zu stürzen. Sollte ich ausrutschen, könnten mein Rad oder Teile des Gepäcks auf Nimmerwiedersehen davonschwimmen. Verkrampft kämpfe ich gegen den immer größer werdenden Wasserdruck. Die Strömung rauscht, in einem unachtsamen Moment laufen mir die Watstiefel voll. Verflucht! Es hilft nichts, ich muss zurück. Langsam drehe ich mich um, das Rad so hoch wie möglich haltend. Sollten die breiten Räder zu tief ins Wasser eintauchen, schiebt es mich sofort weg. Es gelingt. Jetzt nur noch ein paar Schritte ins flachere Wasser und ich bin wieder zurück am Ufer, von dem ich herkam. Das war wirklich knapp! Die vorderen Radtaschen sind bei diesem Furtversuch leider auch vollgelaufen. Alles ist nass. Hätte ich mal gleich das Boot aufgebaut, das muss ich jetzt sowieso. Und so quere ich noch insgesamt drei der tieferen Hauptarme paddelnd – bei 6 °C, im mitternächtlichen Nebel, mit immer noch spürbarem Restalkohol im Blut …

⦿ ***Tageskilometer: 31, Flussfurten: 11, davon mit Boot: 7***

WIEDERSEHEN AM KLEINEN TSCHAUN

15. Juli: Trotz der späten Ankunft gestern bin ich schon wieder früh auf den Beinen. Die Sonne scheint und wärmt – beste Bedingungen, um die nass gewordene Ausrüstung zu trocknen. Erst als sich die Wolken verdichten, mache ich mich auf den Weg. Prompt zieht eine Wetterfront mit Regenschauern und Windböen über das Land. Für eine Weile ist es richtig ungemütlich, doch schon nach einer guten Stunde zeigt sich wieder die Sonne und lässt über der Tundra kurzzeitig einen Regenbogen erstrahlen. Während ich dieses Wetterspektakel an mir vorbeiziehen lasse, ertönen aus der Ferne plötzlich lauter Grunzgeräusche. Es sind Rentiere, die gerade in großer Zahl die Piste queren. Eine wahrhaft gigantische Herde, bestehend aus mehre-

Die Strömung drückt, ich kann mich kaum noch halten, habe Angst zu stürzen. Sollte ich ausrutschen, könnten mein Rad oder Teile des Gepäcks auf Nimmerwiedersehen davonschwimmen. Verkrampft kämpfe ich gegen den immer größer werdenden Wasserdruck.

ren Tausend Tieren! Noch bevor ich es richtig begreifen kann, stecke ich mittendrin. Wie ein Schwarm umgeben sie mich und trotten mit mir in meine Richtung. Immer in gebührendem Abstand zu mir, aber ohne wirkliche Scheu. Vor mir, neben mir, hinter mir: überall Gewimmel, Getrappel, Gegrunze ... Es ist, als sei ich von einer großen Luftblase umgeben, die sich langsam durch die Herde hindurchbewegt und die Rentiere sanft zur Seite schiebt. Da sich deren Laufrichtung mehr nach links orientiert, gelange ich irgendwann an den rechten Rand der Herde und trete nach drei aufregenden Kilometern wieder aus ihr heraus – vollkommen unversehrt und noch eine ganze Weile ergriffen von dieser Erfahrung.

Am Abend erreiche ich wieder einen Fluss, der sich nur per Boot queren lässt: den Kleinen Tschaun. Ein riesiger Elch trottet gerade durch die Aue, als er mich bemerkt, verschwindet er sofort in den Büschen. Im Schotterbett auf der anderen Seite steht derweil still ein Lastwagen. Es ist mal wieder ein Personentransporter. Genau diesen hatte ich heute früh sogar schon mal gesehen, und zwar, als er den Ugatkyn in meine Richtung durchquerte. Nun scheint er auf irgendetwas zu warten. Ich baue mein Boot auf und paddle direkt zum wartenden Fahrzeug hinüber. Jetzt bewegt sich etwas und jemand kommt hinausgetreten – es ist Sergej, der hier mit Jana auf die nächste Mitfahrgelegenheit wartet. Sie haben zwei Nächte in einer kleinen Arbeiterbasis abseits der Piste verbracht, bis dieser Lastwagen vorbeigefahren kam, der einen Trupp Arbeiter abholen und zur „Kupol“-Goldmine bringen soll. Er wartet nun hier an der Furt auf einen weiteren Personentransporter aus Pevek, der die Arbeiter hierherbringen wird und anschließend wieder zurückfährt. Für Sergej und Jana die perfekte Gelegenheit, ein Stück weiterzukommen.

Kaum hatte mir Sergej die Situation erklärt, taucht der Truck aus Pevek auch schon auf, und ein geschäftiges Trei-

ben herrscht in der eben so stillen Flussaue. Aber noch steigen die Männer nicht um, sie gönnen sich in ihrem Fahrzeug erst mal ein Abendessen. Ich nutze die Gunst der Stunde, setze mich zu den wartenden Trampern und konfrontiere die beiden mit meinen übrig gebliebenen Fragen hinsichtlich der Eisbärengefahr an der Nordküste. „Die Gefahr einer Begegnung ist real, aber gering. Falls du aber doch mal einen Eisbären vertreiben musst, dann geh mit erhobenem Paddel auf ihn zu und zische laut, so wie es rivalisierende Eisbären tun. Es ist besser, er nimmt dich als Rivale wahr und nicht als Beute." Damit bestätigt mir Sergej etwas, das mir Njurgun schon geschrieben hat. Es scheint also eine wirksame Abwehrmethode zu sein. Doch wie ist es nachts? Werden sie an der Küste auch zelten? „Wenn es keine Hütten gibt, werden wir auch mal das Zelt aufschlagen. Allerdings sollte man immer weit weg vom Wasser lagern, mit dem Boot dazwischen. Die Eisbären bewegen sich fast nur entlang des schmalen Küstenstreifens. Aber für den Fall, dass doch mal ein Bär am Lagerplatz vorbeikommen sollte, ist es ratsam, den Bereich um das Zelt mit dem eigenen Urin zu markieren. Ich habe vor ein paar Jahren die Taimyr-Halbinsel durchquert, bis zum Kap Tscheljuskin, dem nördlichsten Festlandspunkt Eurasiens. Dort an der Küste habe ich die Methoden zur Eisbärenabwehr erprobt und entwickeln können."

Wie sich herausstellt, ist Sergej Lekaj ein sehr erfahrener Wildnisgänger, der schon etliche anspruchsvolle Touren hinter sich hat. Im Jahr 2011 schlug er sich mehrere Monate durch die weglose Bergwildnis von Magadan nach Kamtschatka, streckenweise auf einem Katamaran, für den er damals die packbaren Schwimmkörper selber nähte. Genau diese sollen auch jetzt wieder, auf dem Weg zur Beringstraße, zum Einsatz kommen. Den großen Test auf dem Meer machte er letztes Jahr während einer mehrwöchigen Küstentour von Kamtschatka nach Tschukotka, wobei ein Katamaran mit Segel verwendet wurde. Im Internet ist jedoch kaum etwas über ihn oder seine abenteuerlichen Reisen zu finden. Er führt keine eigene Webpräsenz und auch keinen Blog, obwohl er wahrscheinlich viele Anhänger haben würde. Durch seine bescheidene und zugleich kompromisslose Art hat er sich in einem engeren Reisekreis schon einen Namen gemacht. Ich erzähle ihm, dass sich zurzeit auch Marina Galkina in Tschukotka aufhält. Natürlich kennt er sie, sogar persönlich, von ihren Reiseplänen weiß er aber nichts Konkretes, nur dass sie nach Tschukotka gehen wollte. Und Njurgun Efremov? Den hat er tatsächlich auch schon getroffen, vor einiger Zeit in Jakutsk …

„Was ist mit Jana? Hat sie auch schon so krasse Touren gemacht?" – „Nein, das ist ihre erste Reise dieser Art", gesteht Sergej. Alle Achtung! Wo lernt man nur solch wagemutige Frauen kennen? Die furchtlos den verrücktesten Ideen ihres Partners folgen und sogar bereit sind, mit ihm bis ans Ende der Welt zu gehen!? „Aber erzählt mal: Wenn ihr das Kap Dezhnev erreicht habt, wie wollt ihr von dort wieder zurückkehren? Mit dem Passagierschiff von Lavrentija nach Anadyr? Habt ihr Informationen darüber, wie oft dieses Schiff verkehrt?" Mich interessieren die Möglichkeiten, wie man diesen weglosen Teil des Landes umrunden kann. Man weiß ja nie, vielleicht ergibt sich ja auch für mich noch die Chance, an das Kap Dezhnev zu gelangen. Sergej scheint jedoch etwas anderes im Sinn zu haben. Er schaut mich mit ernstem Blick an, beugt sich etwas vor und fährt mit leiser Stimme fort: „Wir wollen versuchen, nach Alaska überzusetzen. Die Visa haben wir schon." Ich bin baff – das sind 90 Kilometer offenes Meer mit Strömungen und unvorhersehbaren Wetterwechseln. „Ernsthaft? Und wie wollt ihr das offiziell regeln? Habt ihr eine spezielle Genehmigung?" Man muss schon besondere Beziehungen zum Grenzschutz haben oder eine Menge Geld, um die Genehmigung für eine derartige Überfahrt zu bekommen. Bisher haben es nur zahlungskräftige Expeditionen geschafft, den offiziellen Weg über diese Meerenge zu gehen. Zumindest habe ich noch nie davon gehört oder gelesen, dass es einem Reisenden ohne Sponsoren oder hochkarätigen Kontakten einfach so gelungen wäre. „Ein offizieller Check-out ist nur im Küstenstädtchen Providenija möglich", erklärt Sergej. „Das Problem dabei ist, dass man danach nicht mehr russischen Boden betreten darf, und die Entfernung von dort nach Alaska beträgt leider mehr als 300 Kilometer. Selbst wenn man den Weg über die US-amerikanische Saint-Lawrence-Insel nimmt, sind es immer noch fast 200 Kilometer offenes Meer. In jedem Fall viel zu weit, um es auf einem kleinen Katamaran mit 2-PS-Motor zu schaffen." Eine Querung der Beringstraße kann also nur an der engsten Stelle gelingen: vom Kap Dezhnev rüber zum Kap Prince of Wales – vom östlichsten Punkt Asiens zum westlichsten Punkt Amerikas. „Wenn es das Wetter gut mit uns meint, werden wir es auch ohne Genehmigung versuchen", lässt Sergej entschlossen durchklingen.

Ein verrückter Plan – wagemutig und faszinierend zugleich! Wenn der gelingt, schreiben die beiden Geschichte. „Mal angenommen, ihr schafft es, nach Alaska zu kommen, wie geht es dann weiter? Was ist euer Ziel? Warum wählt ihr so einen anspruchsvollen Weg, um nach Amerika zu gelangen?" – „Wir möchten die Welt umrunden, ohne dabei auf ein Flugzeug oder reguläres Schiff umsteigen zu müssen", lautet Sergejs schlichte Antwort. Es zeigt sich, dass er ein Anhänger der „Akademie des freien Reisens" ist, die Mitte der 1990er-Jahre vom russischen Weltreisenden und Schriftsteller Anton Krotov ins Leben gerufen wurde. Ihre Philosophie ist, die Welt mit einfachsten Mitteln zu erkunden und grenzüberschreitend in die authentischen Lebenswelten der Einheimischen einzutauchen. Sie sehen sich als krassen Gegenpart zum klassischen Touristen, der vorgefertigte Reiseangebote in Anspruch nimmt, in Bezahlunterkünften nächtigt oder rein touristische Orte besucht. Im Grunde ist das auch meine Reisephilosophie, auch wenn ich sie nicht so hart definieren würde. Zumindest begreife ich allmählich, was die beiden zu dieser Reise antreibt. Sergej ergänzt: „Sobald wir in Alaska wieder eine Straße erreichen, werden wir weiter nach Südamerika trampen, dann mit einem Schiff über den Atlantik segeln und durch Afrika zurück nach Europa reisen." – „Es wäre interessant, euch zu folgen! Gibt es einen Link?" Das einzige Portal, in dem sie gelegentlich über ihren Reiseverlauf berichten wollen, ist das soziale Netzwerk VKontakty, die russische Version von Facebook. Aber vielleicht auch bei Facebook – hier würde ich sie auf jeden Fall finden.

Dann heißt es zum zweiten Mal Abschied nehmen. Die Arbeiter haben ihr Abendessen beendet und wechseln jetzt in unseren Truck. Sergej und Jana wiederum steigen in das Fahrzeug, das die Arbeiter herbrachte und nun nach Pevek zurückfährt. Am Abzweig nach Egvekinot werden sie sich dann rauswerfen lassen und auf die nächste Mitfahrgelegenheit warten. Ich dagegen bringe wieder mein Rad ins Rollen und erarbeite mir jeden Kilometer selbst. Manchmal frage ich mich, warum ich mir das antue, könnte ich doch genauso auf einen Truck aufspringen und mich ein Stück des Weges bringen lassen, gerade hier in der flachen Tundra mit den vielen Flussquerungen. Doch dann würde mir etwas Wesentliches fehlen: das besondere Gefühl, die zurückgelegte Strecke mit all ihren Herausforderungen selbst gemeistert zu haben. Ich will die ganze Dimension der Entfernungen begreifen und jeden Kilometer mit allen Sinnen erleben – ohne Motorenlärm und ohne den abschirmenden Blick durch eine verschmierte Scheibe. Vor allem aber möchte ich frei und unabhängig bleiben, mit der Möglichkeit, jederzeit anhalten und verweilen zu können. Auch auf scheinbar unspektakulären Streckenabschnitten können sich spannende Dinge ereignen, die einen prägenden Fingerabdruck im Reiseverlauf hinterlassen. So wie die Begegnung mit dem Tramperpaar Sergej Lekaj und Jana Lebedechina.

⊙ ***Tageskilometer: 27, Flussfurten: 2, davon mit Boot: 1***

Wechselhaftes Schauerwetter hat sich eingestellt. Am Abend finde ich Schutz in einem wartenden Lkw und treffe ein zweites Mal auf Jana und Sergej.

Stimmungsvolles Abendlicht nach einem regennassen Tag.

ZURÜCK IN DIE BERGE

16. Juli: Ich bin noch immer am Kleinen Tschaun, unweit der letzten Furt, an der es gestern zum zweiten Treffen mit den Moskauer Trampern kam. Etwa 60 Kilometer südlich von hier befindet sich ein großer See, der den klangvollen Namen El'gytgygyn trägt, was übersetzt „Weißer See" bedeutet. Auf Satellitenbildern fällt er sofort ins Auge, da das kreisrunde Gewässer sehr an eine Caldera, einen vulkanischen Einsturzkessel, erinnert. Tatsächlich handelt es sich um einen wassergefüllten Meteoritenkrater, der vor 3,6 Millionen Jahren entstanden ist. Schon in der Planungsphase hat es mich gereizt, diesen See mit in meine Reiseroute einzubeziehen. Ein Abstecher dorthin würde allerdings recht weit von meiner Hauptroute abweichen, sodass ich mir vorgenommen habe, erst vor Ort zu entscheiden, ob sich ein solcher lohnen würde. Entscheidende Kriterien sind: Wie ist das Wetter? Wie liege ich im Zeitplan? Wie gut ist die Piste, die dort hinführt? Nun, das Wetter ist nicht gerade das beste, immer wieder regnet es. Im Zeitplan hinke ich auch etwas hinterher und müsste eigentlich schnurstracks weiterfahren, damit ich noch eine Chance habe, die Küstensiedlung Vankarem bis spätestens Mitte August erreichen zu können. Es bräuchte also einen guten Weg zum See, um diesen Abstecher zu rechtfertigen.

Doch bisher konnte ich keine Spur entdecken, die nach rechts in die Tundra abbiegt. Sie müsste entlang des Kleinen Tschaun flussaufwärts in die Berge verlaufen und dann über einen Pass zum See. Allerdings befinde ich mich schon am äußersten Punkt, an dem ein Abzweig Sinn ergeben würde. Meine Vermutung ist, dass man nur mit Kettenfahrzeugen dorthin gelangt – über das Schotterbett des Kleinen Tschaun. Ich bleibe also auf meiner gewählten Hauptroute und arbeite mich wie gehabt durch unzählige Bach- und Flussfurten weiter nach Osten vor. Das Boot wird zum Glück nur einmal gebraucht – am Mil'gyveem. Währenddessen regnet es fast durchgehend. Erst am späten Abend reißt es auf, und die tief stehende Sonne zaubert mal wieder ein fantastisches Licht in die Landschaft, gekrönt von einem hellen doppelten Regenbogen, dessen rechter Schweif eine ganze Stunde lang über der fernen Tundra schwebt. Gegen Mitternacht geht das Lichtspektakel in ein rötlich-violettes Glühen über, das sich sanft auf das umliegende Hügelland legt und es in einen unwirklichen Schein versetzt. Fasziniert von den Farben sitze ich noch lange vor dem Zelt und genieße diesen stimmungsvollen Abschluss eines regennassen Tages.

⊙ ***Tageskilometer: 30, Flussfurten: 6, davon mit Boot: 1***

17. Juli: Die Mücken sind wieder da! Die Kombination aus Sonne, Wärme und Windstille hat sie in Scharen hervorgelockt. Bevor ich starte, lege ich noch meine nassen Sachen zum Trocknen aus, lade ein paar Kamera-Akkus mit Solarstrom und führe ein paar längst überfällige Reparaturen an Rad und Kleidung durch. Das Tschaun-Tiefland lasse ich nun hinter mir, das erste Mal seit sechs Tagen geht es wieder in die Berge hinein. Ich fahre einen längeren Anstieg hinauf, überquere einen Höhenrücken und genieße die grandiose Aussicht auf das umliegende Bergland. Arktische Ziesel, die allgegenwärtigen kleinen Erdhörnchen, huschen wie eh und je über die Piste. Vom Rand aus schauen sie oftmals noch neugierig in meine Richtung, bevor sie Schutz suchend im nächstbesten Erdloch verschwinden. Auch Kanadakraniche zeigen sich immer wieder, aufmerksam staksen sie über die sumpfigen Flächen. Ihre Rufe haben schon etwas Vertrautes, scheinen sie doch überall in der Tundra auf Futtersuche zu gehen. Wobei auffällt, dass sie immer paarweise unterwegs sind. Es ist selten, dass ich mal einen Einzelgänger oder ein drittes Exemplar am gleichen Ort sehe.

Die vielen Furten sind leider nicht weniger geworden. Im Gegenteil: Heute muss ich am laufenden Band durchs

Immer wieder sehe ich Kanadakraniche durch die Sümpfe staksen und Arktische Ziesel über die Piste huschen.

Wasser waten, auch ein paar tiefere Flüsse sind dabei. Der Pykarvaam ist der erste schwierige, durch ihn komme ich aber noch gerade so mit Watstiefeln durch. Aufgrund des angenehmen Wetters springe ich noch kurzerhand in den Fluss und spüle einige meiner Sachen durch. Während der Weiterfahrt trocknen sie am Rad oder direkt an meinem Körper. Ideale Bedingungen wie diese sind wirklich rar. Sie ungenutzt verstreichen zu lassen, wäre ein Frevel. Kurz darauf kommt das Boot dann doch noch zum Einsatz: für die Querung des El'gykakvyn. Nur wenige Kilometer dahinter erspähe ich zum ersten Mal ein Tschuktschen-Lager. Zwei Rentierherden steigen gerade einen Berghang hinauf, und im Talgrund davor parken zwei Kettenfahrzeuge zwischen mehreren Zelten. Merkwürdigerweise sind es nicht die typischen Jarangas aus Tierhäuten und Fellen, sondern klassische Kuppelzelte in den unterschiedlichsten Farben. Ein paar Leute stehen wie angewurzelt herum und schauen in meine Richtung. Wahrscheinlich sind es die Hirten der Herde, die den Tieren zu ihren Weidegründen folgen. Sollte ich einbiegen und zu ihnen fahren? Interessant wäre es, zumal es auch Brauch ist, sich hier draußen persönlich bekannt zu machen. Doch dafür müsste ich das Rad ein ganzes Stück quer durch die buckelige Tundra schieben … Irgendwie ist mir nicht danach, spät ist es auch schon, und so fahre ich einfach weiter die nächste Anhöhe hinauf. Die Nähe eines Baches überzeugt mich dann, schon am Rand des Talgrunds das Zelt aufzuschlagen.

⊙ ***Tageskilometer: 47, Flussfurten: 12, davon mit Boot: 1***

18. Juli: Über Nacht hat es sich wieder eingeregnet. Der Bach neben mir ist nun reißend voll. Aber gut, dass ich ihn in der Nähe habe, denn so kann ich diesen Schlechtwettertag entspannt im Zelt aussitzen, ohne mir Gedanken um die Wasserversorgung machen zu müssen. Der Wind hat auf Nordwest gedreht und lässt die Temperaturen kontinuierlich sinken – von 12 °C am frühen Morgen auf 5 °C am Nachmittag.

Als ich mir in einer Regenpause ein paar Spaghetti koche, kommen plötzlich fünf verwegen aussehende Kerle den Weg hinauf gestapft. Es sind die Tschuktschen aus dem Zeltlager im Tal, die mich nun besuchen. Sie erzählen mir, dass sie das ganze Jahr über in der Tundra leben und mit den Rentieren ziehen. „Das ganze Jahr in diesen Zelten?", frage ich erstaunt. „Nein, im Winter wohnen wir in richtigen Zelten, in unseren Jarangas aus Rentierfellen." Und im Moment warten sie auf ein Fahrzeug, das aus Pevek Lebensmittel bringen soll, organisiert von ihrer Brigade. Bis die zwei Lastwagen endlich auftauchen, vertreiben sie sich ihre Zeit an meinem Lagerplatz. Neugierig inspizieren sie mein Zelt, den Kocher und vor allem das Fatbike. Ein paar Proberunden wollen sie damit drehen, also nehme ich die Taschen komplett ab und lasse sie den Weg rauf- und runterfahren. Sie haben ihre helle Freude daran, während ich mal wieder feststellen muss, dass das Fahrrad nicht nur ein Fortbewegungsmittel ist, sondern auch ein universelles Werkzeug zur Annäherung und Völkerverständigung. Ein paar Worte Tschuktschisch lerne ich bei der Gelegenheit auch gleich noch: *Rakulym* heißt „Danke", *Jettyk* – „Hallo" und *Atau* – „Tschüss"!

⊙ ***Tageskilometer: 0 (Pausentag)***

ABZWEIG IM NIEMANDSLAND

19. Juli: Das Gute an den Pausentagen ist, dass ich am Morgen danach ausgeruht und ohne große Verzögerungen in den Tag starten kann. Oftmals sind es mehrere Stunden, die ich dadurch hinzugewinne. Stunden, die mich manchmal die doppelte Strecke schaffen lassen, als hätte ich unterm Strich gar keine Pause gemacht. Bis zum Pass auf 670 Metern brauche ich dann aber doch ein bisschen länger als erwartet. Als ich am Mittag oben ankomme, zeigt mein Thermometer frische 3 °C. Zum Glück weht kaum Wind, für die Abfahrt muss ich mich aber warm einpacken. Entlang des Levtuttyveem führt der Weg nun wieder hinab in ein weitläufiges Tal. Trotz der üblichen Furten komme ich

Kurve um Kurve schlängelt sich mein Weg dem nächsten Bergpass entgegen.

diesmal wunderbar voran. Der Wind schiebt von hinten, und es geht die ganze Zeit leicht bergab.

67 Kilometer zeigt mein Radcomputer, als ich am Abend endlich den Abzweig nach Egvekinot erreiche. Geradeaus geht es weiter zur 200 Kilometer entfernten Polarhafenstadt Pevek. Eine auffällig große Brücke führt hier über den breiten Fluss Paljavaam. Mein nach rechts abbiegender Weg aber bleibt davor, auf der westlichen Seite des Stromes, und wird diesem nun in die Berge folgen. Es ist schon ein merkwürdiges Gefühl, nach fast zwei Wochen fernab der Zivilisation plötzlich an eine markante T-Kreuzung zu gelangen, wo ein Weg von einem Niemandsland ins nächste führt. Eine direkte Ausschilderung nach Egvekinot sucht man hier allerdings vergebens. Etwa 600 Kilometer sind es noch bis zu diesem Küstenstädtchen an der Beringsee. Ein richtig langer Weg, der ab hier noch ein bisschen einsamer zu werden scheint … Während ich an diesem Schild stehe und mir die Dimension der Entfernungen bewusst mache, lugt plötzlich die tief stehende Sonne mit voller Kraft unter der schleierigen Wolkendecke hervor. Als hätte jemand einen Scheinwerfer angeknipst, taucht sie die Landschaft mit einem Schlag in ein unheimlich kontrastvolles Licht. Wie aus einem kitschigen Gemälde erscheinen jetzt die fernen Bergketten, in die ich als Nächstes eintauchen will. Voller Begeisterung für das vor mir Liegende setze ich mich wieder auf das Rad und steuere meinem Ziel entgegen, wie ein Insekt dem Lichtschein in der Nacht. Vor mir mein vorauseilender Schatten, der sich wie ein Wegweiser meiner Sehnsucht auf die Schotterpiste wirft.

Dann ein Fahrzeuggeräusch, das sich allmählich von hinten nähert. Im Gegenlicht sehe ich eine Staubwolke auf mich zukommen. Ich fahre an den Rand, um die Dreckschleuder passieren zu lassen. Doch nachdem mich der Wagen überholt hat, fährt er rechts ran und drei Männer steigen aus. Es ist ein *Trekol*-Pistenfahrzeug mit sechs überdimensionalen Rädern. Genau genommen ein Krankenwagen, denn es prangt ein rotes Kreuz an der Hecktür. Jetzt aber ist damit nur ein Wochenendausflug geplant. Aleksej ist der Fahrer, er hat seine zwei Kumpels dabei: den Polizisten Pascha und Viktor. Sie kommen gerade aus Pevek und fahren zu dritt einfach mal raus in die Tundra, um sich vom Stadtalltag zu erholen. Wohlgemerkt über 200 Kilometer, für die Peveker ist das noch die „nähere" Umgebung. Wir machen uns kurz bekannt, tauschen die üblichen Fragen und Antworten aus und dann fahren sie auch schon weiter. Allerdings nicht weit. Nach wenigen Hundert Metern stoppen sie erneut und warten, bis ich aufschließe. Von Weitem sehe ich, wie einer von den dreien mit einer Kalaschnikow auf den Wagen steigt und in Schussposition geht. Was ist da los? Was haben die vor? Zögerlich nähere ich mich dieser schrägen Szene. Es ist Pascha, der Polizist, der mit der Knarre auf dem Dach des Wagens wartet. Aleksej und Viktor bleiben drinnen und schauen mir aus dem heruntergekurbelten Fenster entgegen. Sie wirken aufgeregt, irgendetwas hat sie beunruhigt.

„Da vorne ist gerade ein Bär über den Weg gelaufen. Er hockt jetzt dort drüben in den Büschen." Mit der Kalaschnikow im Anschlag zeigt Pascha mir die Richtung. „Und jetzt?", frage ich. „Der ist bestimmt vor euch geflüchtet. Wenn er sich noch in den Büschen versteckt, dann hat er Angst. Sicher mehr Angst als ihr!" Ich kann mir ein Grinsen nicht verkneifen, da ich ihre Reaktion irgendwie putzig finde. „Willst du weiterfahren?", fragt mich Pascha. Ich bejahe, und Pascha sichert mir Feuerschutz zu. Als müsste ich etwas beweisen, rolle ich langsam in die angebliche Gefahrenzone. Ganz wohl dabei ist mir dann doch nicht. Mit angespitzten Ohren schaue ich immer wieder in das Gebüsch zur Linken. Sollte der Bär in so einem Moment tatsächlich wieder herausspringen und mich anfallen? Vorsichtshalber öffne ich meine Beintasche und greife nach der *Raketnitsa*, um für diesen unwahrscheinlichen Fall nicht ganz unvorbereitet zu

Geschafft! Ich bin am Abzweig nach Egvekinot. Als ich weiterfahre, hält ein Krankenwagen mit schrägen Zeitgenossen …

sein. Meter für Meter holpert mein Rad über die wellige Piste, während mir die Mitternachtssonne in den Rücken scheint und ein bewaffneter Polizist über meine Sicherheit wacht. Natürlich passiert nichts. Nicht mal ein Rascheln vernehme ich in den Büschen. Irgendwann, als ich schon ein gutes Stück vorgefahren bin, höre ich, wie der Krankenwagen wieder aufschließt. Kurz darauf überholen sie mich mit erhobenen Daumen und wünschen mir weiterhin viel Glück …

Nach dieser seltsamen Begegnung fahre ich nur noch ein kleines Stück bis an den Rand der malerisch aufstrebenden Berge, deren Gipfel sich inzwischen blutrot verfärbt haben. In einer lichten Erlenbuschaue mit trockenem Flechtengrund finde ich einen wunderbaren Platz zum Lagern, stelle mein Zelt auf und koche mir noch ein Süppchen. Derweil schaue ich mich immer wieder um. Die Gebüsche hier sind die gleichen wie vorhin, wo sich der Bär versteckt hatte. Ob es hier noch andere gibt? Wieder einmal spuken mir die Warnungen von Njurgun durch den Kopf: *Sei vorsichtig! Der ganze Weg von Tscherskij nach Egvekinot und auch nach Vankarem ist voller Braunbären!* Bisher war die Lage ganz entspannt, aber irgendwie scheint mir, dass ich jetzt in ein neues Territorium mit neuen Gesetzmäßigkeiten eintrete.

⊙ ***Tageskilometer: 80, Flussfurten: 9, davon mit Boot: –***

7

IN DIE BERGE DER EINSAMKEIT

TAG 20, KILOMETER 746

Vor mir liegt nun der wohl wildeste Teil der Tour. Quer durch das zentrale Tschuktschengebirge wird mich der folgende Wegabschnitt führen. Durch ein Gebiet, so abgelegen und unwirtlich, dass es gänzlich unbesiedelt ist. Lediglich an den Rändern findet man vereinzelte Minen, vor allem im Norden, in Richtung Pevek. Aber auch im Süden gibt es eine, die sogar zu den bedeutendsten Tschukotkas gehört: die Goldmine „Valunistyj". Diese Mine scheint auch der Hauptgrund zu sein, warum man sich die Mühe gemacht hat, eine Schotterpiste quer durch dieses einsame Bergland zu legen. Fast 400 Kilometer sind es von der gestrigen Abzweigung bis dorthin und dann noch mal etwas mehr als 200 Kilometer bis nach Egvekinot. Damit ist „Valunistyj" wie eine Insel der Zivilisation in menschenleerer Bergwildnis. Falls ich zum Ende hin Versorgungsprobleme bekommen sollte, hätte ich hier auf jeden Fall eine Möglichkeit, meine Vorräte aufzufüllen.

Auf dem folgenden Wegabschnitt fährt nur noch alle paar Tage ein Fahrzeug durch.

Während der nächsten 100 Kilometer folgt mein Weg dem Flusstal des Paljavaam. Dieser Taleinschnitt führt auf nahezu gerader Linie direkt in das Herzstück des Gebirges, in dem sich auch die höchsten Gipfel Tschukotkas befinden. Als mein Weg gleich zu Beginn auf eine Anhöhe hinaufführt, offenbart sich mir ein überwältigender Ausblick auf die weitverzweigte Aue. Mit ihrem buschigen Grün durchzieht sie wie ein Leben spendendes Band die karge Bergwelt, eingebettet in einen breiten natürlichen Korridor, der über Jahrmillionen durch den Lauf des Wassers modelliert wurde. Auch den weiteren Verlauf der Piste kann ich gut erkennen. Und ein in Flussnähe parkendes Fahrzeug. Es scheint der Krankenwagen von gestern zu sein, der hier seinen Platz für das Wochenende gefunden hat. Fast bin ich unten, da kommt mir der *Trekol* plötzlich entgegengefahren. Aleksej und Pascha sitzen darin. Sie haben es eilig, mich zu treffen. Irgendetwas scheint sie erneut zu beunruhigen. Diesmal machen sie sich aber keine Sorgen um mich, sondern um ihren Kollegen Viktor.

Pascha kommt gleich zur Sache und fragt nach dem Boot. „Wir brauchen es, um Viktor zu retten. Er ist auf der anderen Seite des Flusses und kommt ohne Hilfe nicht mehr zurück." Ich rätsele zwar, wie es so weit kommen konnte, sage aber nur: „Fahrt schon mal vor. Ich komme gleich zu euch." Wenige Minuten später bin ich an ihrem Platz und sehe auf der anderen Seite Viktor mit einer blauen Tonne herumhantieren. „Wir müssen die Tonne irgendwie rüberholen", erklärt mir Pascha. „Alleine wird es Viktor nicht schaffen." Verstehe, die Tonne ist wichtig, also keine Eile. Ich schnalle mein Boot ab, baue es auf und will es gerade zu Wasser lassen, da sehe ich, wie Viktor nun doch versucht, den Fluss auf eigene Faust zu queren. Mit einem langen Seil bindet er sich das schwimmfähige Objekt um die Hüfte und steigt in die Fluten. Doch warum tut er das jetzt? Soll ich ihn nun abholen oder nicht? Ich warte erst einmal und schaue, was als Nächstes passiert.

Der Fluss ist sehr breit, in meinen Augen unpassierbar. Aber Viktor scheint eine flache Stelle zu kennen und watet unbeirrt in die Mitte des Stromes. Schon bald steht ihm das Wasser bis zum Bauch, und die Tonne zerrt ihn stückchenweise flussabwärts. Für einen Moment sieht es so aus, dass das Wasser zu tief wird und ihn wegzureißen droht. Doch dann kämpft er sich Meter um Meter gegen die Strömung zu einer flacheren Stelle und schafft es an unser Ufer. „*Molodets* – Alle Achtung!", rufe ich ihm entgegen. „Ich hätte nicht gedacht, dass man diesen Fluss zu Fuß queren kann. Aber sagt mal, wieso war die Tonne dort drüben?" Angeblich ist sie von einem Fahrzeug gefallen, einfach so, mehr bekomme ich nicht heraus zu dieser merkwürdigen Aktion ... Während ich mein Boot wieder einrolle, schaue ich neugierig zu, wie die drei damit beschäftigt sind, den Inhalt der wasserdichten Tonne ans Tageslicht zu holen. Es scheint ihr Überlebenspaket für das Wochenende zu sein, denn ich sehe ein paar Brote, etliche Konserven und einige Flaschen Bier auf ihren provisorisch errichteten Tisch wandern. Der größte Schatz aber findet sich ganz unten am Tonnenboden: *Samogon* – selbstgebrannter Wodka mit eingelegten Tundrabeeren!

Zur Feier seiner Rettung wird der Schnaps auch gleich an alle ausgeschenkt. Zwei Tschuktschen kommen plötzlich hinzu, sie hatten etwas abseits ihre Angeln ausgeworfen und schließen sich nun der illustren Runde an. Auch ich werde sofort integriert. Selbstverständlich bin ich ihr Gast und solle doch noch eine Weile bleiben. Es gibt *Ucha,* eine einfache Fischsuppe aus den frisch geangelten Äschen der Tschuktschen, und neben Bier und Wodka auch etwas Tee. Um der kleinen Outdoorparty noch den richtigen Schwung zu verpassen, holt Aleksej seinen Laptop heraus und sorgt noch für etwas Musik. Zu hören gibt es dann aber nicht etwa den klassischen Russen-Pop, sondern Rammstein! Egal wo in Russland, überall kennt man diese Band, und aus irgendeinem Grund lieben die Russen diesen kantig-scharfen Klang von Leadsänger Till

Lindemann. Und als wäre der brachiale Gesang nur eine Überleitung gewesen, werden als Nächstes ein paar leere Bierflaschen aufgestellt und die griffbereiten Schusswaffen geladen. Nachdem ein jeder mal mit Paschas Kalaschnikow und Viktors Gewehr beweisen durfte, was er an Zielgenauigkeit behalten hat, gehen wir auch schon über zur nächsten Runde Wodka … Für mich der Moment, endgültig auszusteigen, denn ich spüre, dass mir der Alkohol schon mächtig zu Kopf gestiegen ist.

Aleksej, der Krankenwagenfahrer, ist als Einziger trocken geblieben und lässt mich in seinem Fahrzeug noch ein paar Kamera-Akkus laden. Er erzählt mir noch ein bisschen über seine Kollegen, die mit ein paar Wortfetzen das eine oder andere unterstreichen oder einfach nur bestätigen. So erfahre ich, dass Pascha in Wahrheit aus Irkutsk kommt und die Baikal-Taiga eigentlich mehr als die Tschuktschen-Tundra mag. Dennoch arbeitet er in Pevek als Polizist – des Geldes wegen. Und weil es im russischen Norden die Aussicht auf einen früheren Renteneintritt gibt. Ganz anders Viktor, dessen Heimat sich ebenfalls in weiter Ferne, in den ukrainischen Karpaten befindet. Ihm gefällt es hier, vor allem wegen der guten Jagd- und Fischfangmöglichkeiten, zumal die hiesigen Lizenzen dafür nicht teuer sind. Das freie Leben hier draußen sei genau sein Ding. Mit den beiden Tschuktschen Ivan und Sergej komme ich nicht mehr ins Gespräch, sie liegen schon bald regungslos unterm Krankenwagen. Schließlich ist es so weit, und auch den anderen geht allmählich die Luft aus. Kurzerhand machen wir uns bereit für die Nacht. Aleksej schläft auf dem Fahrersitz, Viktor bei den Tschuktschen unterm Wagen und ich mit Pascha auf den Liegen im Patientenraum. Wie das jetzt wohl klingen mag, wenn ich in meiner allabendlichen Satelliten-Meldung mitteilen würde, dass ich die Nacht betrunken in einem Krankenwagen verbringe? Zum Glück vergesse ich es und schreibe am nächsten Morgen schlichtweg: *Tag 20: Wodkaverkostung am Fluss* – um wenigstens eine knappe Erklärung abzuliefern, warum ich an diesem Tag nur fünf Kilometer vorwärtsgekommen bin …

Es ist gerade mal 6 Uhr, als ich mich noch etwas benommen aus dem Schlafsack schäle. Mit Aleksej, der neben mir als Einziger schon auf den Beinen ist, lasse ich mich noch auf ein kleines Frühstück ein. Dann verabschiede ich mich und verschwinde, bevor die anderen aufwachen. Immer noch leicht beduselt holpere ich nun wieder gemächlich meines Weges. So früh wie heute war ich noch nie auf der Piste, aber so richtig was reißen werde ich an diesem Tag wohl nicht.

Verkehr scheint es von nun an so gut wie keinen mehr zu geben. Als mir nach langer Ruhepause ein Lastwagen entgegenkommt, frage ich den Trucker, wie oft hier noch Fahrzeuge durchkommen? „Praktisch keine“, lautet seine knappe Antwort. Dafür sollen sich aber umso mehr Bären herumtreiben. Sein Beifahrer zeigt mir ein Handyvideo, das er unterwegs direkt aus dem Lkw aufgenommen hat. Zu sehen ist ein Bär, der trotz Motorenlärm unbeeindruckt durch die Tundra stapft. Bilder vom höchsten Pass Soldatskij, gelegen auf über 900 Metern, bekomme ich auch noch zu sehen. Richtig viel Schnee hat sich dort gehalten. Erst vor Kurzem hätte sich dort ein Bulldozer durch die meterhohe Blockade gegraben. In diesem Teil Tschukotkas entscheidet der Zustand der Schneeschmelze, ab wann der Weg freigegeben werden kann. Oft passiert das erst ab Mitte Juli. Ähnliches gilt auch für die Strecke durch das Tschaun-Tiefland. Dort ist es das Frühjahrshochwasser der großen Flüsse, das bis ungefähr Anfang Juli anhält und keinerlei Verkehr zulässt. Viel früher hätte ich meine Tour also gar nicht starten können. Im Grunde bin ich genau zur richtigen Zeit hier – nicht zu früh und auch nicht zu spät.

WETTERSTATION PALJAVAAM

Ein paar Kilometer weiter treffe ich auf eine Ansammlung dunkler Holzhütten. Es ist die Wetterstation „Paljavaam", in der seit 35 Jahren ein Meteorologe namens Gennadi leben soll. Für mich, der während der Studienzeit ebenfalls auf einer Wetterstation gearbeitet hat, natürlich ein spannender Ort, den ich mir auf jeden Fall genauer anschauen möchte. Also biege ich ein, stelle mein Rad an einen alten Holzverschlag und betrete neugierig das Gelände. Es ist still, niemand scheint da zu sein, lediglich ein zutraulicher schwarzer Hund streunt umher. Immer wieder rufe ich „Hallo!", klopfe an allen möglichen Türen, doch niemand öffnet, nichts bewegt sich. Ich will schon gehen, da wage ich es, noch einmal an der Tür des Haupthauses zu rütteln, und siehe da: Sie ist gar nicht verschlossen. Vorsichtig trete ich ein, rufe nochmals, aber es scheint tatsächlich niemand da zu sein … Doch dann höre ich auf einmal ein leises Stöhnen. Erschrocken blicke ich mich um und bemerke eine Bewegung am Ende des Raumes. Da liegt doch tatsächlich einer im Bett, vollkommen zerzaust und mit jämmerlicher Miene. Er nimmt mich gar nicht wahr, dreht sich einfach nur zur Seite und pennt weiter – eine Situation, mit der ich irgendwie nichts anzufangen weiß. Wahrscheinlich hat auch Gennadi sich gestern die Kante gegeben und schläft nun einsam seinen Rausch aus.

Noch lange wirkt dieses trostlose Bild in mir nach, und leider soll diese merkwürdige Begegnung auch die vorerst letzte bleiben. In den kommenden Tagen treffe ich auf keine Menschenseele mehr. Ich bleibe für mich, in einem Meer aus Gedanken und Erinnerungen, die nun wieder Zeit haben, sich zu ordnen. Mit dem Alleinsein komme ich in der Regel gut zurecht, vor allem, wenn ich unterwegs bin und tagtäglich in einen neuen Horizont blicken darf. Doch das Gemüt richtet sich oft nach der Farbe des Himmels, und die ist seit gestern in ein beständiges Grau getaucht. Grau und abweisend wirkt nun auch das baumlose Bergland, das in diesem dunstig-matten Licht nichts Erhellendes mehr vorzuweisen hat. Grauer Himmel, graue Berge, graue Gedanken … Man sollte nie die Kraft des Lichtes unterschätzen! Selbst die spektakulärsten Orte der Welt können ihren Zauber verlieren, wenn sie nicht im richtigen Licht erscheinen.

Um mich in dieser menschenleeren Gebirgswelt überhaupt orientieren zu können, nutze ich alte sowjetische Generalstabskarten im Maßstab 1:200.000. Diese einst streng geheimen topografischen Karten, die in den 1970er- und 1980er-Jahren für alle Teile der Welt erstellt wurden, sind nach dem Zerfall der Sowjetunion in die Hände einiger Privatleute geraten, die sie aufwendig gescannt und der Allgemeinheit zugänglich gemacht haben. Für viele abgelegene und dünn besiedelte Gebiete der Welt sind diese Karten bis heute das beste, teilweise auch einzige Material, das man finden kann. In meinen Augen auch das ästhetischste und hinsichtlich der Informationsdichte absolut beeindruckend. Berge, Flüsse, Vegetation – alles ist in einer faszinierenden Detailtreue wiedergegeben, mitsamt Höhenlinien, Passübergängen und Bezeichnungen für jedes noch so kleine Gewässer. Bei Expeditionen durch reine Naturräume sind diese Karten eine unschlagbare Orientierungshilfe und in Bezug auf die natürlichen Gegebenheiten immer noch brandaktuell. In den besiedelten und vom Menschen beeinflussten Gebieten sieht das natürlich anders aus. Ortschaften, Straßen und auch Gewässer können sich im Lauf der Zeit gravierend verändert haben.

Mit genau dieser Diskrepanz musste ich mich auch auseinandersetzen, als ich die Kartenblätter für meine Tschukotka-Reise zusammenstellte. Die Naturräume sind zwar wunderbar dargestellt, Hinweise zum Verlauf der neu gebauten Trasse sucht man auf den alten Karten allerdings vergebens. Es war daher nötig, die komplette 1.300

Wiedersehen mit den Kranken-wagenfahrern: Viktor holt eine Tonne über den Fluss, und der Tag endet in einem Trinkgelage …

Kurz vor der Wetterstation „Paljavaam“ kommt mir ein letzter Truck entgegen.

Kilometer lange Wegstrecke selbst zu kartieren. In einer mehrere Wochen dauernden Arbeit übertrug ich all das, was auf den Satellitenbildern zu erkennen war, direkt in die Karten, um sie anschließend maßstabsgetreu auf handliche A4-Blätter zuzuschneiden. Darüber hinaus kartierte ich auch all jene Pisten und Fahrspuren, die von der Haupttrasse in die Umgebung führen, und fügte meinem selbst erstellten Atlas noch einige weglose Gebiete hinzu, die unterwegs irgendwie von Bedeutung sein könnten. Ich wollte einfach auf alles vorbereitet sein, um auch Optionen für Abstecher oder spontane Routenänderungen zu haben. Fast 100 Kartenblätter kamen am Ende zusammen – ein zentimeterdicker Stapel Papier, der hier draußen nun meine vollumfängliche Navigation sicherstellt.

Ich arbeite mich nun über ein paar Pässe weiter in das Innere des Tschuktschengebirges vor, wobei ich zwischendurch in einem graubraunen Tal einer kleinen Gruppe Rentiere begegne. Ansonsten scheint das karge Bergland nahezu leblos zu sein – wäre da nicht noch Meister Petz, der König der Tundra …

BOULEVARD DER BRAUNBÄREN

Seitdem ich die Wetterstation hinter mir gelassen habe, sehe ich immer wieder Bärenkot auf dem Weg herumliegen. Die pelzigen Allesfresser scheinen also öfter mal die Piste zu queren, oder sie streunen hier in deutlich größerer Zahl herum, als es bisher der Fall war. Typische Trittspuren fallen mir dagegen seltener ins Auge und wenn, dann auch nur an den nach wie vor zahlreichen Bach- oder Flussfurten. Bei so vielen Hinweisen ist die Wahrscheinlichkeit natürlich groß, dass es wieder zu einer direkten Begegnung kommen kann. Gerade jetzt, da es keine Fahrzeugbewegungen mehr gibt und sich mit dem grauen Wetter wieder ein südlicher Wind aus Gegenrichtung eingestellt hat. Und so kommt es, dass ich schon am ersten Abend einen ersten Bären durch die Flussaue des Paljavaam tapsen sehe. Eigentlich wollte ich dort gerade nach einem Lagerplatz schauen, doch jetzt zögere ich und will den Bären erst einmal weiterziehen lassen. Just in dem Moment steigt er aber ins Wasser und schwimmt durch den Fluss auf meine Seite. Nicht, dass er es auf mich abgesehen hätte – nein, er hat mich noch gar nicht bemerkt. Ich sollte wohl besser auf mich aufmerksam machen, noch bevor er mir zu nahekommt. Also trete ich kurz entschlossen in die Pedale und rolle mit auffälligem Gebaren die Anhöhe hinunter, in der Hoffnung, dass der Bär mich sieht, bevor er auf meiner Seite anlandet. Es gelingt! Mitten im Fluss realisiert er, dass da jemand furchtlos die Böschung hinabstürmt, und dreht sofort um. Hastig schwimmt er zurück, nimmt die Beine in die Hand und rennt in die Tundra hinein, ohne Pause, kilometerweit, bis ich ihn nicht mehr erkennen kann. Gut so, denke ich mir, und fühle mich ein wenig wie der Gewinner eines Revierkampfes.

Tags darauf dann die nächste Begegnung. Diesmal etwas überraschender, da ich dem Bären schon sehr nahe bin, als er sich aufrichtet, um die Lage zu sondieren. Es ist mal wieder eine Bärenmutter, diesmal sogar mit drei Kleinen, was im kargen Tschukotka eine Seltenheit ist! In solchen Momenten gibt es zwei Möglichkeiten zu reagieren: Entweder ich schieße eine Leuchtkugel mit meiner *Raketnitsa*, oder ein paar Bilder mit meiner Pentax. Ich entscheide mich für Letzteres, denn gerade hier in der Tundra, in der man so schön weit schauen kann, sind das natürlich unbezahlbare Momente, die man in der Taiga nicht so leicht vor die Linse bekommt. Glücklicherweise entschließt sich die Bärenmutter für die Flucht und rennt mit ihrem Nachwuchs davon, zunächst um einen kleinen See herum, dann eine Böschung hinauf. Hier hält das Quartett kurz inne und blickt verdattert zurück auf den merkwürdig aussehenden Eindringling … Von dieser Szene gelingt mir noch ein schöner Schnappschuss, danach verschwindet die kleine Horde hinter der Böschung,

Wie weit er wohl gehen wird, bis er mich bemerkt? Solange ich das Überraschungsmoment auf meiner Seite habe, sollte ich etwas unternehmen. Also trete ich erneut in die Pedale und rolle mit gesträubten Nackenhaaren laut „Hey! Hey!" brüllend auf ihn zu …

durchschwimmt den Paljavaam und rennt wie der gestrige Bär noch so weit in die Tundra, bis sie aus meinem Sichtfeld verschwunden ist. Das war doch mal eine tolle Begegnung! Eine, die mich nicht in Anspannung verharren lassen hat und zudem ein paar schöne Fotomotive lieferte. Anscheinend gewöhne ich mich allmählich daran, unter Bären zu sein. Und doch bleibt eine gewisse Unruhe bestehen, diese permanente Habachtstellung, die mich regelmäßig die Umgebung rastern lässt. Das Wichtigste ist eben, den Überblick zu behalten, nicht überrascht zu werden und stets vorbereitet zu sein, um je nach Situation entschlossen reagieren zu können.

Mit der Entschlossenheit ist das allerdings immer so eine Sache. Als ich am Tag danach zum dritten Mal in Folge einem Bären begegne, wird sie für einen Moment auf die Probe gestellt. Es ist mal wieder später Abend, da sehe ich rechts von mir einen braunen Riesen unbekümmert durch das Tal stapfen. Sofort bleibe ich stehen und beobachte ihn dabei, wie er vor mir den Weg kreuzt und plötzlich in meine Richtung läuft – direkt auf mich zu! Wie weit er wohl gehen wird, bis er mich bemerkt? Solange ich das Überraschungsmoment auf meiner Seite habe, sollte ich etwas unternehmen. Also trete ich erneut in die Pedale und rolle mit gesträubten Nackenhaaren laut „Hey! Hey!" brüllend auf ihn zu … Einen Moment lang frage ich mich, was ich hier eigentlich tue, ob ich denn wahnsinnig geworden bin!? Hätte ich nicht auch einfach so auf mich aufmerksam können, indem ich ihn mit ruhigen Worten anspreche? Immerhin – es funktioniert. Als er mich kommen sieht, macht er abrupt kehrt und rennt davon. Geradezu panisch ergreift er die Flucht, dass es mir fast schon leidtut, ihn so verschreckt zu haben. Der wird sicher nicht wiederkommen, und so baue ich an der nächsten Furt auch gleich mein Zelt auf.

Direkt am Lagerplatz Bärenbesuch zu bekommen, ist eigentlich die größte Befürchtung, die ich stets mit mir he-

Im Gegenwind bemerken mich die Bären oft erst, als ich lauthals auf mich aufmerksam mache.

Die Bärenmutter scheint ihren Kleinen zu erklären, wie man einem Radfahrer begegnet …

rumtrage. Bisher ist mir das nur einmal passiert, vor drei Jahren im Suntar-Chajata-Gebirge, als ich mit Robert unterwegs war. Und zwar eines Morgens, als ich schon wach im Zelt lag und ein Platschen im Fluss hörte. Sofort lugte ich durch den Zelteingang und sah, wie eine Elchkuh und ihr Junges am gegenüberliegenden Ufer flussabwärts trotteten – ein tolles Motiv, das ich natürlich sofort einfangen wollte. Doch dann bemerkte ich, dass den beiden noch ein Bär folgte, der nun unvermittelt die Seite wechselte und direkt auf das Lager zukam. Schnell schloss ich den Eingang, hielt die Luft an und hoffte, dass er nichts anrühren würde, während mir die wildesten Gedanken durch den Kopf gingen. Erstaunlicherweise ist dann rein gar nichts passiert, noch nicht mal ein Geräusch war zu hören. Anscheinend hatte der Streuner kein näheres Interesse an unserem Lagerplatz und zog einfach weiter. Nicht mal an den Proviant ist er gegangen, der in unseren Rucksäcken mit Rollverschluss unmittelbar neben den Zelten lagerte …

BAZA OSINOVAJA

Nachdem ich nun schon drei Tage keine Menschen mehr gesehen habe, kommt mir doch tatsächlich mal wieder ein Fahrzeugtross entgegen. Es sind Straßenarbeiter aus „Valunistyj", die einzig zur Ausbesserung des Weges aufgebrochen sind. Ich frage sie, ob sie mir etwas zum aktuellen Zustand der „Baza Osinovaja" sagen können, die nicht mehr weit von hier am Fluss Pereval'naja auftauchen sollte. „Noch 25 Kilometer sind es bis dorthin. Aber es ist niemand mehr da. Die Basis wurde schon vor langer Zeit aufgegeben", lautet ihre unmissverständliche Antwort. Schade. Vor zwölf Jahren war es noch ein lebendiger Straßenarbeitertreff mit Unterkünften und eigener Küche. Im Jahr 2006 machte hier nämlich auch das russisch-polnische Radreise-Duo, bestehend aus Timur Achmetov und Cesary Bugajczyk, einen längeren Zwischenstopp, um in die Berge zu gehen. Von Egvekinot kamen sie geradelt, mit Einradanhängern von *Extrawheel,* auf denen sie ihr Gepäck und den Proviant für einen Monat transportierten, um damit bis nach Pevek ans Polarmeer vorzustoßen. Sie waren damit die allerersten Fahrradtouristen, die diese sommertaugliche Piste kurz nach ihrer Fertigstellung befuhren. Die Info darüber, dass eine solche überhaupt existiert, bekamen sie damals – wie sollte es auch anders sein – vom fahrradbegeisterten Lokalmatador Juri Kapasev aus Pevek.

Mit ihrer Trans Chukotka Expedition, die eigentlich vorsah, die komplette Strecke von Egvekinot bis Pevek per Rad zurückzulegen, hatten sie sich allerdings ein wenig verkalkuliert, denn wegen der steilen Passübergänge und zahlreichen Flussfurten bei zeitgleich anhaltendem Regenwetter verlief ihre Reise trotz der Hilfe von Truckern mehr als schleppend. Ganze 18 Tage brauchten sie, um die fast 400 Kilometer lange Strecke bis zur Basis „Osinovaja" zu bewältigen. Die verbleibenden 400 Kilometer bis Pevek fuhren sie dann fast durchgehend per Anhalter, um noch vor Ablauf des Monats August ihr Ziel zu erreichen, das vor allem auch darin bestand, „von Ozean zu Ozean" gereist zu sein[1].

Nichtsdestotrotz machten sie mit ihrer außergewöhnlichen Radreise, die ja eine Art sommerliche Erstbegehung war, wunderbar deutlich, dass es diese Piste gibt und dass sie sich auch mit dem Fahrrad befahren lässt. Und es war letztlich auch *ihr* Bericht, der sieben Jahre später die Initialzündung für meine jetzige Tschukotka-Reise gab. Insofern ist dieser Punkt, an dem sich jetzt unsere Geschichten berühren, für mich ein ganz besonderer. Denn hier an der Basis „Osinovaja" begann damals der eigentliche Clou ihrer Reise: eine 12-tägige Trekkingtour zum höchsten Berg Tschukotkas, dem *gora* Tschaantal, gelegen im weltabgeschiedenen Tschaantalgebirge, das einen Teil des zentralen Tschuktschengebirges ausmacht[9]. Den Bildern nach zu urteilen, gingen sie eine wunderschöne 200 Kilometer lange Runde durch ein zuweilen malerisch anmutendes Bergland. Die Idee, ausgerechnet hier von der an sich schon einsamen Piste abzuweichen, um noch tiefer in die abgelegene Bergwildnis einzutauchen, hat mich von Beginn an total aufgesogen. Ich wusste: Diese Erfahrung möchte ich auch gerne machen! Und so spielte ich bereits in der Planungsphase mit dem Gedanken, nicht nur ihrer Radroute, sondern auch ihrer Wanderroute in die Berge zu folgen. Aus den Beschreibungen ihres Berichts gelang es mir, die ungefähre Strecke zu rekonstruieren, und stellte dabei fest, dass die Basis „Osinovaja" tatsächlich ein idealer Startpunkt dafür ist. Ideal auch deshalb, weil hier Timur und Cesary ihre Fahrräder und überflüssiges Gepäck abstellen konnten, um dann mit Rucksäcken in die Berge zu marschieren. Ob ich hier nach zwölf Jahren auch noch eine Möglichkeit finden werde, meine Sachen unterzubringen?

Als ich die Basis am Abend endlich erreiche, offenbart sich mir ein vollkommen verfallener Ort. Zwei Bauwagen, in denen sich ganz offensichtlich die Unterkünfte befanden, sind nicht mehr nutzbar. Ein dritter weißer Wagen beherbergt immerhin einen Ofen und scheint ab und zu noch besucht zu werden, jedoch ist dieser feucht und total verschimmelt. Hier ist absolut nichts mehr los und natürlich auch niemand da. Kein Ort, an dem man verweilen oder irgendetwas verwahren möchte. Also was jetzt? Hier ein Basislager einrichten will ich nicht, aber einfach weiterfahren will ich auch nicht. Überhaupt bin ich seit einigen Tagen etwas demotiviert. Ich spüre, dass mir der Schotterweg mit all seinen Herausforderungen allmählich auf die Nerven geht, dass er schlichtweg seinen Reiz verloren hat. Bis Egvekinot würde ich vielleicht noch zwei Wochen brauchen. Zwei Wochen mit dem immer gleichen Einerlei aus Bergpässen, Schiebepassagen, Schotterabfahrten und täglich um die zehn Flussquerungen und bis zu 20 Bachfurten, die mich ständig das Schuhwerk wechseln und die Hosenbeine hochkrempeln lassen. Natürlich wäre all das mit der bisherigen Beharrlichkeit schaffbar. Aber wozu? Nur, um am Ende sagen zu können, dass ich die kompletten 1.300 Kilometer von Anjujsk bis Egvekinot durchgefahren bin?

Nein, irgendwie ist mir nicht mehr danach. Vielmehr reizt es mich jetzt, etwas anderes zu probieren. Etwas, das mich auf eine andere Weise fordert, mit mehr Abwechslung und neuen Perspektiven – mit einer ganz neuen Unbekannten, die mich wieder mit Begeisterung nach vorne schauen lässt. Ja, ich mach das jetzt! Auch wenn das vor mir noch keiner gemacht hat. Ich gehe mit dem Rad in die Berge – vollkommen offroad, 90 Kilometer weit, auf der Route von Timur und Cesary, aber nur bis zu den malerischen Bergseen zu Füßen des höchsten Berges. Und dann schaue ich, wie ich mit dem Boot weiterkomme. Denn genau aus diesen Bergseen entspringt ein Fluss, über den ich nach Iul'tin am Unterlauf der Amguema abkürzen könnte. Ich habe zwar null Informationen über diesen Fluss, und es ist auch völlig unklar, ob irgendjemand schon mal auf diesem gepaddelt ist, aber der Topografie nach müsste es machbar sein, diesen 220 Kilometer langen Wasserweg auch mit dem Rad auf dem Boot hinabzuraften. Ein richtiges Bikerafting! Mitten durch die Bergwildnis Tschukotkas! Irgendetwas zieht mich, eine geheimnisvolle Kraft, die mich voller Überzeugung hinter diesem Offroad-Experiment stehen lässt. Und genau das ist mir bei solchen Unternehmungen auch immer wichtig: Einhundert Prozent überzeugt zu sein von dem, was ich tue. Nur dann kann es gelingen. Und wenn es nicht gelingt, hat man wenigstens nichts zu bereuen.

Tatsächlich hatte ich auch diese Variante schon in der Planungsphase aufgegriffen und mit entsprechenden Kartenblättern vorbereitet. Ohne diese Vorbereitung hätte ich mich auch nicht darauf einlassen können. Es ist eine von vielen Ideen, die ich um den Hauptplan A gesponnen habe und deren Moment nun gekommen

An der inzwischen verfallenen Basis „Osinovaja" starteten einst Cesary und Timur ihre Trekkingtour zum höchsten Gipfel Tschukotkas.

ist. Entscheidend ist der erste Offroad-Abschnitt zu den Bergseen, den ich in einer gewissen Zeit schaffen muss, um keine Schwierigkeiten zu bekommen. Die Fotos von Timurs und Cesarys Trekkingtour stimmen mich aber zuversichtlich, denn ich konnte auf diesen ein insgesamt gut begehbares Gelände ausmachen. Auf einem Bild war sogar eine Fahrspur im Geröll erkennbar! Wenn also auch irgendwelche Traktoren oder Kettenfahrzeuge in diese hintersten Winkel vordringen können, warum sollte es dann nicht auch mit Fatbike gelingen? Ich rechne mit etwa zehn Kilometern Vorankommen pro Tag, wenn es gut kommt, auch mit 15. Dabei beziehe ich mich auf die Erfahrungen aus Kirgistan, als ich einige weglose Pässe und Täler auf Tierpfaden querte. Bei insgesamt 90 Kilometern würde ich also sechs bis neun Tage brauchen und für das anschließende Rafting bis zur Brücke bei Iul'tin maximal eine Woche. Damit liege ich auf jeden Fall noch im Zeitrahmen, um mit dem übrig gebliebenen Proviant durchzukommen. Heute ist der 24. Juli, seit Bilibino sind 18 Tage vergangen. Demnach müsste ich noch für mindestens 17 Tage genug zu essen in der Tasche haben, wahrscheinlich mehr, da ich ja unterwegs einige Male etwas zugesteckt bekam.

Mit einer kleinen Kofferwaage wiege ich all mein Gepäck: 60 Kilogramm kommen immer noch zusammen – wohlgemerkt ohne Rad und Werkzeug! Das ist so viel wie zu Beginn meiner sechswöchigen Wildniswanderung durch das Suntar-Chajata-Gebirge vor drei Jahren. Damals war es nötig, diese Gepäckmenge auf zwei Rucksäcke aufzuteilen, um es überhaupt tragen zu können. Das bedeutete aber auch, dass ich während der Fußetappen jeden Kilometer dreimal zurücklegen musste. Mit dem Rad werde ich jedoch in der Lage sein, eine solche Gepäckmenge an einem Stück vorwärts zu bewegen! Das Rad wird mein Packesel sein.

8

OFFROAD DURCHS TSCHAANTALGEBIRGE

TAG 25, KILOMETER 965

Am nächsten Morgen hole ich etwas Holz aus der buschigen Flussaue, entfache ein Feuer und verbacke mein erstes Kilo Mehl zu mehreren *Lepeschka* – kleine runde Fladenbrote, die ich direkt im Topf in siedendem Öl frittiere. Das schlichte Rezept dafür schaute ich mir einst im Suntar-Chajata von ewenischen Rentierzüchtern ab. Durch das aufgesogene Fett sind die „Taigabrote", wie ich sie damals taufte, auch nach mehreren Tagen noch ein echter Genuss. Ich werde sie mir einteilen müssen, um in den kommenden Tagen auch während der Pausen etwas zum Beißen zu haben, denn die Brotgeschenke der Trucker sind inzwischen fast aufgebraucht. Ich warte noch, bis das duftende Backwerk abgekühlt ist, dann verstaue ich es in den Radtaschen, baue mein Zelt ab und mache mich auf ins Unbekannte – offroad in die Tundra hinein. Ich folge dem Fluss Pereval'naja, der von der Basis „Osi-

Beschwerliche Etappe durch wegloses Gelände.

Zum Pausenbrot gibt es frisch geernteten Schnittlauch.

Die Bergtundra abseits der Piste hat einiges an Abwechslung zu bieten …

novaja" direkt in die Berge des Tschaantalgebirges führt. Die Flussterrasse am Rand der Aue ist fest und eben, sodass ich wunderbar vorwärtskomme, ja sogar durchweg fahren kann. Jetzt zeigt sich, wozu ein Fatbike gut ist – abseits der Piste spielt es seine wahren Stärken aus! Fünf Kilometer genieße ich diese Querfeldeinfahrt, bis ich an den Rand der aufstrebenden Berge gelange. Hier verengt sich das Flusstal und ich gehe hinunter in die Schotteraue, die auf breiter Fläche nahezu trocken liegt. Das Geröll ist ganz passabel, ich kann bequem weiterschieben, abschnittsweise auch noch fahren.

Doch dann verdichtet sich das Buschwerk, und ich muss am rechten Ufer ein Stück den Berghang hinaufklettern, um weiterzukommen. In der buckeligen Grastundra schiebt es sich aber schon deutlich schwieriger, zumal auch einige Geländeeinschnitte durchquert werden müssen. An einer tieferen Furche, in der offenbar nur bei Regen Wasser fließt, muss ich mein Rad komplett abpacken, um es durch das dichte Weidengestrüpp tragen zu können. Fast bleibe ich darin hängen und muss auf den letzten Metern Rad und Gepäck schließlich über die Büsche werfen, um auf die andere Seite der Barriere zu gelangen. Wahrscheinlich ist es doch besser, wenn ich wieder in das Flussbett gehe, es scheint inzwischen nicht mehr so verzweigt zu sein. Und tatsächlich: Ab jetzt kann ich den Fluss der Länge nach durchwaten, als wäre ich auf einer überfluteten Schotterpiste. Das Geröll ist hier allerdings schon etwas gröber, sodass ich den 18 Kilogramm schweren Rucksack, der bisher quer auf dem Gepäckträger befestigt war, fortan auf dem Rücken trage.

Als der verbliebene Bachlauf irgendwann trockenfällt, folge ich den Resten seines Schotterbettes bis zu einem idyllischen Talsplit kurz vor dem ersten Pass mit dem Namen Ozernyj (übersetzt „Seepass"). Hier habe ich dann genug und schlage mein Lager auf. Es ist immerhin schon Mitternacht – ganze 13 Stunden habe ich mich offroad bergauf geschunden und dabei unglaubliche 28 Kilometer zurückgelegt! Mit dem gleichen Gepäck zu Fuß, aufgeteilt auf zwei Rucksäcke, hätte ich für diese Strecke drei Tage gebraucht. Das Fatbike scheint in dem Gelände genau das richtige Fortbewegungsmittel zu sein, um mit viel Gepäck große Strecken zurücklegen zu können.

Am nächsten Tag wird es dann allerdings etwas schwieriger. Als ich hinter dem flachen Pass den Oberlauf des Tanjurer erreiche, finde ich eine stark verbuschte Aue vor, deren grobsteiniges Flussbett von Beginn an wassergefüllt ist. Hier schiebe ich mein Rad wieder mitten durch den Wasserlauf, doch das grobe runde Geröll blockt mich immer wieder ab und lässt mich von einem Wasserloch ins nächste plumpsen. Die Felgen und Pedalen krachen dabei auf die steinigen Hindernisse, und auch die Radtaschen versinken jedes Mal zur Hälfte im Wasser – ein wirklich unschönes und nervenaufreibendes Vorwärtskommen, bei dem ich mir zunehmend Sorgen um die Technik mache. Als es auch nach anderthalb Kilometern nicht besser wird, entscheide ich mich, das restliche Stück zu treideln. Kurzerhand baue ich mein Boot auf und lege all mein Gepäck und das Rad hinein. Genau wie bei den Flussquerungen in der Tschaunebene, nur dass ich mich jetzt nicht draufsetze, sondern das voll beladene Boot an einer Leine vor mir hergleiten lasse.

Die Strömung ist kräftig, sodass ich meinem kleinen Frachtschiff regelrecht hinterherrennen muss. Doch bleibt es auch immer wieder abrupt an irgendwelchen Steinen hängen, die bis an die Wasseroberfläche ragen. In solchen Momenten muss ich dann vor das Boot steigen, es über die Steine ziehen, um kurz darauf dem Ganzen wieder hinterherzustolpern … So geht das dann über fünf Kilometer und 100 Höhenmeter flussabwärts – bis mein Flusslauf nach Süden abknickt und ein hinzukommender Bachlauf die weitere Marschrichtung bestimmt. Hier erheben sich wieder ein paar trockene Anhöhen, die ich umgehend

Um in das Herz des Tschaantalgebirges zu gelangen, folge ich zunächst einem Flusslauf, später einer Kettenfahrzeugspur.

besteige und auf denen sogar wieder fahren möglich ist. Welch eine Erholung nach diesem Flussgestolpere! Da es schon wieder nach Mitternacht ist, schlage ich an diesem herrlich exponierten Ort auch gleich mein Lager auf und blicke gespannt auf den vor mir liegenden *prochod* Mochovoj („moosiger Durchgang") mit dem zweiten Pass Chitryj („schlauer Pass"), dessen Name vermuten lässt, mit dieser Routenwahl die richtige Entscheidung getroffen zu haben. Regnerisches Wetter lässt mich dann aber für einen Tag pausieren. Ich verbleibe im Zelt, führe mein Logbuch weiter und sammle Kräfte für die nächste Etappe.

Vom *prochod* Mochovoj habe ich die ganze Zeit ein bestimmtes Bild vor Augen – eines, das Timur sehr wahrscheinlich dort aufgenommen hat: eine dunkle Schotterfläche mit einzelnen seggenartigen Grasbüscheln, die mich sehr an eine Vulkanlandschaft erinnert. Tatsächlich komme ich tags darauf an genau jener Stelle vorbei und bestaune die sonderbare Flora dieses Ortes. Neben den Seggenbüscheln wachsen hier auch verschiedenste Blumen mit weißen, gelben und purpurnen Blüten. Dazwischen ausgereifter Schnittlauch in rauen Mengen, von dem ich umgehend ein paar Halme ernte und als schmackhafte Beilage für das Pausenbrot mitnehme. Unweit dieser Stelle entdecke ich auch einen alten Lagerplatz der Tschuktschen. Etliche Hinterlassenschaften liegen verstreut in der Tundra herum: ein rostiger Ofen, Holzteile, Dosen, Gläser … Es scheint, dass dieser Ort ab und zu noch von den Rentiernomaden in Beschlag genommen wird. Dahinter wird es dann zunehmend sumpfiger. Ich hoffe auf eine trockene Passage hinab in das nun vor mir liegende Flusstal des Vul'vyveem, doch es findet sich keine, und so versacke ich einige Male bis zur Achse in schlammigen Wasserlöchern – zum Glück nur auf wenigen Hundert Metern.

Den Vul'vyveem gilt es auch noch zu queren. Fast hätte ich das Boot auspacken müssen, doch dann finde ich eine knietiefe Passage und komme gerade so durch. Auf der anderen Seite Überraschung: Eine *Traktornaja*, eine ausgefahrene Kettenfahrzeugspur, kreuzt meine Route und führt sogar in genau das Seitental, das ich als Nächstes angepeilt hatte. Ich folge der Spur und kann jetzt wieder lange Strecken fahren, gefühlt wie auf einem richtigen Weg. Doch das funktioniert nur so lange, wie es trockenen Grund gibt. Schon bald geht das Gelände in ein sumpfiges Grasland über, und die Spur wird zu einer schlammigen Doppelfurche. Ich umgehe diese Abschnitte, indem ich wieder der trockenen Flechtentundra am Talrand folge. Erst nach der Überquerung des dritten flachen Passes wird die Spur wieder fahrbar, bis ich schließlich den Fluss Gillenumkyveem erreiche, der schon das Wasser führt, auf dem ich demnächst mein Bikerafting beginnen möchte. Ganze 35 Kilometer habe ich heute geschafft! Wieder eine Etappe, die ich zu Fuß mit zwei Rucksäcken unmöglich so schnell hätte bewältigen können.

Es folgt nun der fünfte Offroad-Tag, an dem ich mich durch die abgelegene Bergwildnis des Tschaantalgebirges schlage. Das Wetter ist nach wie vor grau und wechselhaft bei jahreszeittypischen 10 °C. Das Gute daran: Es gibt seit einiger Zeit kaum noch Mücken! Ich folge der *Traktornaja* noch so weit, bis sich der Gillenumkyveem mit dem hinzukommenden Ponnevaam vereint. Dann steige ich in die Flussaue hinab, in der Hoffnung, schon bald das Boot einsetzen zu können. Der Wasserlauf ist in mehrere flache Arme aufgeteilt, sodass ich mein Rad noch ein paar Kilometer quer durch das Flussbett schieben muss. Richtiger Auwald wächst hier, bestehend aus Erlen, die zu kleinen Bäumen hochgewachsen sind. In diesem Tal scheint ein untypisches Mikroklima zu herrschen – eines, das den Erlen erlaubt, sich derart zu entwickeln. Wie ich später erfahre, ist auch der Name des Flusses dieser Besonderheit gewidmet, denn die Erle wird in dieser Region Tschukotkas mit dem Wort *Gitlenumky* beschrieben. Der Gillenumkyveem ist also der „Erlenfluss"! Ich gehe weiter, immer den bequemsten Schotterflächen folgend,

teilweise auch die Flussarme furtend. Bis ich eine Stelle erreiche, an der sich die flachen Wasserläufe erstmals zu einem tieferen Hauptstrom vereinen. Flugs mache ich mein Boot startklar, werfe alles hinein und setze mich auf das Heck. Dann stoße ich mich vom Ufer ab, steuere in das Fahrwasser und lasse mich von der flotten Strömung durch die Wildnis tragen. Mühelos und lautlos – ein berauschender Moment! Doch einfach nur dahintreiben ist nicht drin, denn sofort tauchen die ersten kleinen Stromschnellen auf. Aufmerksam manövriere ich das Boot hindurch, denn es ist wichtig, die richtige Linie zu treffen, um an den Prallufern nicht im Gebüsch hängen zu bleiben. Von meinem Gepäck ist zudem noch nichts gesichert, auch das Fatbike liegt unbefestigt obenauf, sodass ich auf keinen Fall kentern darf.

Nach fünf Kilometern taucht sie schließlich auf: die Mündung in den lang ersehnten Bergsee mit der Zungenbrecher-Bezeichnung Gillengymkyngytgyn oder auch Gelljanomky-Gytgyn, wie er auf den sowjetischen Karten heißt. Die Tschuktschen dieses Gebietes nennen ihn den Gillenumkygytgyn, was konkret übersetzt „Erlensee" bedeutet. Das Wasser ist im Anfangsbereich unerwartet flach, ein paar Mal setze ich sogar auf. Doch dann breitet sich unter mir eine tiefe Dunkelheit aus, der Seegrund ist nicht mehr zu erkennen und es wird Zeit anzulegen. Am Nordufer finde ich einen schönen Platz zum Lagern. Ein weißer Felsblock ragt hier aus einem Teppich intensiv duftender Kräuter. Ich klettere hinauf, als wäre er ein Siegerpodest, und lasse meinen Blick über den See und die stille Berglandschaft schweifen. Erst jetzt wird mir bewusst, was ich geschafft habe. In nur fünf Tagen ist es mir gelungen, diesen abgelegenen Ort inmitten des Tschaantalgebirges zu erreichen. 90 Kilometer durch wegloses Gelände sind nun überwunden. Ich fühle mich erschöpft, aber auch erleichtert, diese entscheidende Etappe in so kurzer Zeit gemeistert zu haben. Ab jetzt werde ich kein schwer bepacktes Rad mehr schieben, tragen oder zerren

Sofort tauchen die ersten kleinen Stromschnellen auf. Aufmerksam manövriere ich das Boot hindurch, denn es ist wichtig, die richtige Linie zu treffen, um an den Prallufern nicht im Gebüsch hängen zu bleiben. Von meinem Gepäck ist zudem noch nichts gesichert, auch das Fatbike liegt unbefestigt obenauf, sodass ich auf keinen Fall kentern darf.

müssen. Ich werde schlichtweg die Kraft des Wassers nutzen und dabei auch noch abkürzen.

VORBEREITUNGEN FÜRS BIKERAFTING

Doch bevor es losgeht, lege ich noch einmal einen kompletten Pausentag ein, denn die Umstellung auf ein sicherheitskonformes Bikerafting benötigt immer einiges an Vorbereitungszeit. Ich muss all mein Gepäck neu sortieren, in wasserdichte Säcke verstauen und möglichst kompakt unterbringen. Schon nach kurzer Zeit sieht mein Lagerplatz aus, als hätte eine Bombe eingeschlagen – überall liegt etwas herum: Taschen, Säcke, Plastiktüten, Ausrüstungsteile, Technik, Proviant … Den Hauptteil verfrachte ich in den großen 90-Liter-Rucksack, den ich zuletzt auf dem Rücken trug und der ab jetzt den vorderen Teil des Bootes ausfüllen wird. Zelt und Isomatte kommen in einen 35-Liter-Packsack, den ich als Rolle auf das Heck des Bootes binde. Auch den Schlafsack stopfe ich in einen 35-Liter-Packsack und klemme ihn in den hinteren Teil des Bootes. Beide Packsäcke werden mir beim Paddeln als Sitzflächen dienen – für eine erhöhte und eine niedrige Position. Nachdem ich alles irgendwo unterbringen konnte, sind die hinteren Radtaschen komplett leer. Ich falte sie einfach zusammen und klemme sie später unter das Rad. Die zwei vorderen Radtaschen bleiben dagegen, wie sie sind – mit Dingen, die ich unterwegs griffbereit haben möchte. Sie landen ganz zum Schluss auf dem Bug des Bootes, und zwar direkt auf dem Fatbike, dem ich mich nun als Nächstes widme.

Bisher hatte ich das Fahrrad einfach so, wie es war, längs über das Gepäck gelegt, was bei Flussüberquerungen oder kurzen Paddelpassagen völlig ausreichend ist. Doch auf Dauer wäre mir diese Art der Bootsbeladung zu unbequem und unsicher. Besser ist es, das Rad quer über den Bug zu legen. Auf diese Weise habe ich einerseits mehr Platz im Boot, andererseits auch mehr Spielraum für das Paddel. Also nehme ich das Vorderrad heraus, drehe den Lenker quer und fixiere beides mit Kabelbindern am Rahmen. Auf die Bootsschnauze lege ich es dann mit den Reifen nach vorn, damit sich bei Uferkollisionen nichts verhakt und gleichzeitig eine Art Aufprallschutz vorhanden ist. All das wird jetzt natürlich ordentlich verzurrt, damit unterwegs nichts verloren gehen kann. Jedes einzelne Teil verbinde ich in irgendeiner Weise mit dem Boot, so auch Kameratasche, Fotostativ und Teleskopangel, die ich unverpackt im Boot liegen lassen will. Selbst mein Paddel binde ich an, denn wenn es mir tatsächlich mal entwischen sollte, würde ich mein Boot nicht mehr steuern können und vor allem in den Stromschnellen ein großes Problem haben.

Bei all dem lasse ich mir viel Zeit und durchdenke möglichst jede Situation, die eintreten könnte. Ich will wirklich gut vorbereitet sein, bevor ich mich auf diese vollkommen unbekannte Wasserroute begebe. Auch wenn ich es geschafft habe, mit dem Rad hierherzukommen, muss ich mir immer wieder bewusst machen, dass ich mich jetzt mitten in der Wildnis befinde, und zwar in absoluter Abgeschiedenheit, weit entfernt von der nächsten Möglichkeit, wieder auf Menschen zu treffen, die mir im Notfall helfen könnten. Als Radreisender an einem Fahrweg kann ich immer den Daumen raushalten und warten, bis jemand vorbeikommt. Aber hier? Hier gibt es nur den Satellitenmessenger, über den ich einen Kontakt herstellen könnte. Hilfe wäre also nur umständlich und auf Umwegen zu organisieren. Und selbst die ist nicht mal sicher, denn bis sich ein lokaler Rettungsdienst in Bewegung setzt, kann sehr viel Zeit vergehen.

Das alles ist aber nicht neu für mich. Vor vier Jahren schon hatte ich mich auf ein ähnliches Abenteuer eingelassen, und zwar während einer zweimonatigen Radtour durch das südsibirische Sajan- und Altaigebirge entlang der mongolischen Grenze. Gleich zu Beginn wollte ich

Einen ganzen Tag verbringe ich damit, Boot und Gepäck für das bevorstehende Bikerafting vorzubereiten.

Schon während meines ersten Wildnisraftings im südsibirischen Ostsajan war ein Fahrrad dabei.

im Ostsajan ein riesiges wegloses Wildnisgebiet durchqueren und entschied mich das erste Mal im Leben für ein ernsthaftes Rafting – auf einem über 300 Kilometer langen Flusslauf, der mich direkt zum nächsten Fahrweg bringen sollte. Es war ein großes Abenteuer, bei dem ich nicht wusste, ob es gelingen würde, denn zuvor hatte noch niemand diese Raftingroute mit einem Fahrrad probiert …

Spätestens seit dieser Tour war ich total angefixt von der kombinierten Art des Unterwegsseins. Sowohl auf Straßen und Wegen als auch auf Flüssen und Seen durch das Land zu streifen, dazu noch vollkommen frei und unabhängig vom Rad aufs Boot oder umgekehrt wechseln zu können – das hat was! Am meisten begeisterte mich allerdings, dass ich als Radreisender plötzlich in der Lage war, tief in die Wildnis abzutauchen. Dieses Gefühl von totaler Abgeschiedenheit; in einem Gebiet zu sein, wo nicht mehr der Mensch, sondern wirklich nur die Natur das Sagen hat; zu spüren, wie klein und unbedeutend man ist und wie groß und gewaltig die Wildnis um einen herum – das war eine essenzielle Erfahrung, die mich tief berührt hat und nicht mehr loslassen wollte.

In den Folgejahren unternahm ich zwei weitere Touren in die abgelegenen Randgebiete Sibiriens: in den ostsibirischen Suntar-Chajata und in das nordsibirische Putorana-Plateau, wobei ich hier nur mit Rucksack und Packraft unterwegs war, ganz ohne Rad. Diese beiden mehrwöchigen Wildnisabenteuer, die schon Expeditionscharakter hatten, gaben mir viel Selbstvertrauen und ein Gespür dafür, was ich wagen kann und was ich lieber sein lassen sollte. Und so fühle ich mich erstmals bereit, auch mal eine komplett unbekannte Flussroute zu versuchen, über die ich vorab keinerlei Infos einholen konnte – im Vertrauen darauf, dass ich mit meiner persönlichen Einschätzung zu den Bedingungen, Möglichkeiten und Gefahren nicht vollkommen danebenliege.

BEGEGNUNG IM NIRGENDWO

Am Morgen des 31. Juli ist es dann so weit: Ich lasse mein gut vorbereitetes Boot zu Wasser und paddle auf den 9 °C kalten Bergsee Gillenumkygytgyn hinaus. Das Wetter ist angenehm, es weht ein leichter Südwestwind, und auch die Sonne schafft es, nach langer Pause mal ein paar größere Lücken in die hartnäckig bleierne Wolkensuppe zu brennen. Ich lehne mich zurück, lasse mich für eine Weile vom Wind über das riesige Gewässer treiben und genieße den Moment des Aufbruchs. Doch ohne mein Zutun komme ich trotz Rückenwind kaum vorwärts. Also lege ich schon bald mit ein paar Paddelschlägen nach und erreiche nach etwa anderthalb Stunden den kurzen Übergang zum nächsten Bergsee mit dem schlichten Namen Srednee („Mittlerer See"). Klingt nicht gerade spektakulär und doch ist er es, denn als ich am linken Ufer eine Ausbuchtung passiere, will ich zunächst meinen Augen nicht trauen: Türkis-blaues Wasser leuchtet mir entgegen! Ich paddle direkt hinein und bin fasziniert von diesem strahlenden Hellblau, das mich für einen Moment in die Karibik versetzt. Nur schwer kann ich mich von diesem sonderbaren Ort losreißen, doch ich will weiter – der Beginn des eigentlichen Raftings lockt.

Es ist immer noch der Gillenumkyveem, der mich am Ausfluss des zweiten Sees aufnimmt und mit einer guten Fließgeschwindigkeit weiter durch die menschenleere Wildnis trägt. Ein paar flache Stellen gibt es, die mich ab und an zum Aussteigen zwingen, damit ich das Boot schonend über den steinigen Grund gleiten lassen kann. Doch was ist das? Vor mir, direkt in der Aue, taucht etwas Orangefarbenes auf, und es scheint sich zu bewegen. Ich reibe mir die Augen und versuche gebannt zu erkennen, was das sein könnte. Plötzlich wird mir klar: Da ist noch jemand! Ein Mensch! Ein weiterer Paddler! Unfassbar, dass sich hier draußen zwei Gleichgesinnte begegnen – in einem Gebiet, in das sich vielleicht nur einmal alle Ju-

Karibik-blaue Ausbuchtung im zweiten Bergsee.

beljahre ein Fremder verirrt. Die Person hat mich noch nicht registriert und steigt nach einer kurzen Treidelpassage wieder in ihr knallgelbes Schlauchboot. Ich lege einen Zahn zu, um aufzuholen, da bemerke ich: Die Person mit der orangefarbenen Schwimmweste und dem gelben Boot ist eine Frau! Moment mal, die Frau kenne ich doch. Das ist doch … Marina – Marina Galkina!

Sie treibt gerade einen flachen Nebenarm hinunter, in dem sie immer wieder aufsetzt und ihr Boot über die Steine schieben muss. Jetzt bemerkt auch sie mich, und ich entscheide mich anzulegen, um ihr auf der Schotterbank entgegenzugehen. Sie ist vollkommen außer sich, genauso überrascht wie ich und fällt fast aus dem Boot, als sie versucht, den Moment dieser unglaublichen Begegnung mit ihrer Videokamera festzuhalten. „Das gibts doch nicht. Am Fluss ist noch jemand! Ich werd´ verrückt. Ein Mensch! Woher kommst du?“, ruft sie mir entgegen. Ich erwidere nur: „Marina Galkina!?“ Jetzt ist sie ganz und gar perplex. Da trifft sie nach wochenlanger Einsamkeit auf einen Menschen, dazu noch einen Ausländer, und der kennt sie auch noch beim Namen … Ich erkläre ihr, dass ich sie schon auf diversen Fotos und Videos im Internet gesehen und sie deshalb auf Anhieb erkannt habe[8].

Irgendwie verrückt, dass sich ausgerechnet hier unsere Wege kreuzen, zumal jeder von uns einer ganz eigenen Route durch die Berge folgt, die durchaus hätte anders verlaufen können. Aber nun hat uns das Schicksal zusammengeführt, als gäbe es keinen plausibleren Ort als die Bergwildnis Tschukotkas, um sich zu treffen. Als ich nach der Reise einem Freund aus Belarus von dieser Begegnung erzähle, schreibt er mir voller Überzeugung zurück, dass es kein bloßer Zufall war, sind wir doch zwei ähnlich tickende Solo-Abenteurer, die sich wie Magnete „am Ende der Welt“ gefunden hätten. Mittlerweile denke ich auch, dass wir immer in irgendeiner Weise Einfluss ausüben auf das, was in unserem Leben passiert – durch unser Denken, durch unser Handeln und vor allem durch unsere gelebten Leidenschaften. Wenn wir uns mit einem starken Fokus einer bestimmten Sache widmen, dann ziehen wir auch all die Dinge und Personen an, die damit verbunden sind.

Wir kommen ins Gespräch, und sie erzählt mir, dass sie das letzte Mal vor 20 Jahren von Süden nach Norden durch Tschukotka gegangen sei, weshalb sie das Land jetzt von Westen nach Osten durchqueren möchte, mit Ziel Kap Dezhnev, dem östlichsten Festlandspunkt Russlands. Nach einem Abstecher zum Kap Schelagskij, der nördlichsten Landnase Tschukotkas, ließ sie sich per Anhalter bis zum Oberlauf des Pegtymel bringen, jenem Fluss, auf dem sie damals zum Eismeer gepaddelt ist. Hier begann sie ihre Wanderung und erklomm als Erstes den knapp 1.800 Meter hohen Berg Nedostupnaja, einen alten Vulkan, dessen Gipfelgrat aus eindrucksvollen Basaltsäulen besteht. Dann durchquerte sie das Gebirge südwärts zu den Bergseen, errichtete unterwegs eine Gipfelmarkierung auf dem „Pik Olega Kuvaeva“ und bestieg schließlich noch bei teils nebligem Wetter den höchsten Berg Tschukotkas, den fast 1.900 Meter hohen *gora* Tschaantal, der von manchen auch Ischodnaja („Quellberg“) oder Velikaja („Großer Berg“) genannt wird (auf den sowjetischen Karten ist er namenlos).

Unglaublich, was diese Frau schon geleistet hat! Sie erzählt es so, als sei das Ganze nur ein Spaziergang, zu dem jeder in der Lage wäre, der einen Rucksack tragen kann. Doch ich ahne schon, dass nur ganz wenige Menschen zu solchen Taten fähig sind. Zumal das erst der Anfang war. Ihre eigentliche Herausforderung steht noch bevor. Etwa 900 Kilometer sind es noch bis zum Kap Dezhnev, von denen sie allenfalls 400 Kilometer paddelnd überbrücken kann. Den Rest muss sie zu Fuß gehen – entlang einer komplexen Route, die vor ihr noch niemand gewagt hat. Informationen über das, was sie erwartet, hat sie daher so gut wie keine. Auch zu dem vor uns liegenden Fluss-

Vollkommen unerwartet treffe ich hier draußen auf die legendäre Wildnisreisende Marina Galkina.

Von nun an zu zweit paddeln wir gemeinsam den Gillenumkyveem hinab.

lauf, den wir beide als Nächstes hinabpaddeln wollen, hat sie keinen Bericht gefunden. Immerhin sei Juri Kapasev diesen Fluss schon zweimal hinabgefahren: als Geologe in den Jahren 1982 und 1985. Von ihm weiß Marina, dass es im Verlauf ein paar kräftige Stromschnellen geben soll, nach denen man „lange nass sein wird", mehr aber auch nicht. In diesem Sinne sind wir beide genauso gespannt auf das, was uns da draußen erwartet.

FLUSSFAHRT ZU ZWEIT

Ohne dass wir es einen Moment hinterfragt hätten, sind wir ab jetzt natürlich ein Team und werden diese Flussetappe gemeinsam bewältigen. Die Chemie scheint auf Anhieb zu passen, obwohl die Verständigung mit meinem schlechten Russisch oft holprig und von einigen Missverständnissen geprägt ist. Und so treiben wir die ersten Flusskilometer gemeinsam hinab – bei inzwischen sommerlichen 20 °C und schönstem Sonnenschein, wie ich ihn schon seit zwei Wochen nicht mehr erlebt habe. Staunend betrachten wir die schroffen Berge, die unser Tal links und rechts begrenzen. Einige von ihnen sind immer noch von Schneeresten bedeckt. Erinnerungen an den Suntar-Chajata werden wach, ähneln doch die Ansichten sehr den fast 3.000 Meter hohen Gipfeln jenes alpinen Gebirgszuges.

Als die Sonne hinter einem der beeindruckenden Kolosse verschwindet, legen wir spontan an einem erhöhten Ufer an. Es scheint der ideale Ort für ein Nachtlager zu sein, da es trockenen Tundraboden und in den Büschen auch etwas Totholz zum Feuermachen gibt. Wir sind uns sofort einig hierzubleiben, denn offenbar mögen wir beide die exponierten Plätze mit schönen Ausblicken, auch wenn dieser hier mit einem unbequemen Wasserzugang einhergeht. Die meisten Flusswanderer bevorzugen nämlich die flachen und leicht zugänglichen Sand- und Schotterbänke, auf denen sich einerseits viel Treibholz finden lässt, andererseits die Mückendichte oftmals geringer als an den bewachsenen Ufern ist. Letzteres bekommen wir in der Windstille des Abends noch deutlich zu spüren, denn Scharen an Blutsaugern kommen aus ihren Verstecken gekrochen und fallen nun gnadenlos über uns her. Doch Marina, die ganz ohne Gesichtsschutz ihr Zelt aufbaut, scheint das kaum zu kümmern, und sie meint noch scherzhaft zu mir: „Oh, du trägst ein Mückennetz. Ich vergaß schon, dass es hier Mücken gibt …"

Die nächste Überraschung folgt, als ich ihr Abendessen über dem kleinen Feuer aus Weidenzweigen kochen sehe. Es ist eine alte Konservendose, die sie mit einem selbst gebauten Henkel zu einem Topf umfunktioniert hat, und darin befindet sich lediglich eine spärliche Portion *Gretschka* – blanker Buchweizen. Mein Pott Nudeln mit Trockengemüse wirkt dagegen wie ein opulentes Mahl für zwei Personen. Unfassbar, wie sich Marina mit so wenig Essen bei Kräften halten kann und dann noch solche Leistungen vollbringt. Sie verrät mir, dass sie pro Tag mit nur 350 Gramm Trockennahrung auskommt – gegenüber meinen königlichen 600 Gramm geradezu lächerlich wenig. Doch dann sehe ich, wie sie noch zwei unterwegs geangelte Äschen in einem größeren Topf brät; durch diesen zusätzlichen Protein-Fett-Bonus scheint sie ihre kärgliche Essensration wirksam aufzupeppen. Hat den Vorteil, dass sie deutlich weniger Gepäck mit sich herumschleppen muss, aber auch den Nachteil, immerzu das Angelglück herauszufordern.

Wir amüsieren uns noch über so manchen prägnanten Unterschied, aber auch über die offensichtlichen Gemeinsamkeiten. „Richard, du und ich, wir sind vom selben Blut", kommentiert Marina den Moment, als wir zur Feier des Tages unsere bescheidenen Alkoholvorräte hervorzaubern: Marina eine kleine Flasche mit armenischem Cognac und ich eine ähnlich kleine Flasche mit Honiglikör. Dann backe ich noch ein paar Taigabrote und

Erstes Nachtlager am Fluss. Es zeigt sich, dass Marinas Essensrationen um einiges kleiner sind als meine …

Fantastische Flussfahrt bei endlich wieder sonnigem Wetter.

Marinas Ausrüstung ist zu großen Teilen „Marke Eigenbau".

teile sie, so wie Marina auch ihren Fisch mit mir teilte. Es ist ein wunderbarer Abend, den wir noch lange am Feuer sitzend verbringen. Mit welchen Wendungen diese Reise doch immer wieder überrascht. Da bin ich auf der einsamsten Etappe der Tour und genieße plötzlich die unerwartete Gesellschaft einer Gleichgesinnten. Marina ist zweifellos eine außergewöhnliche Persönlichkeit – eine, die mit ihrer energievollen und lebensfrohen Art geradezu inspiriert. Sie wirkt aufgeschlossen, überhaupt nicht abgehoben, und was ihr ambitioniertes Reiseziel angeht auch kein bisschen verbohrt. Ihr geht es nicht um ein „höher, schneller, weiter", sondern ähnlich wie mir um ein intensives Eintauchen in eine ferne unbekannte Welt. Zweifellos ist der Weg ihr Ziel – das Unterwegssein des Erlebnisses wegen.

Am nächsten Tag vergleichen wir unsere Ausrüstung. Mich interessiert Marinas Konzept, mit dem sie offenbar schon seit Jahrzehnten unterwegs ist. Ihr Schlauchkajak ist relativ neu, es wiegt wie mein Zweier-Packraft nur drei Kilogramm. Es ist ein russisches Produkt, nicht ganz so robust, dafür aber nur ein Drittel so teuer wie meines (umgerechnet 300 Euro). Auf der Unterseite der zwei Luftkammern hat sie zur Sicherheit zusätzliche Verstärkungen aufgeklebt, damit der Bootsboden auch bei hartem Aufsetzen auf Grund nicht gleich leckschlägt. Ihr Zelt hingegen hat sie selbst genäht und verwendet es schon seit mindestens zwei Jahrzehnten! Das Außenzelt aus einem sowjetischen Material, das es heute nicht mehr gibt, das Innenzelt, das sie nur bei Mückenplage einhängt, aus einem leichten Fallschirmstoff. Zum Aufstellen des Außenzeltes nutzt sie ihren Wanderstock und ein halbes Paddel, deren Längen auf einen Meter abgestimmt sind. Ein paar Heringe hat sie auch dabei, meistens benutzt sie aber Steine und Stöckchen, um das Zelt abzuspannen. Ohne Wanderstock und Paddel wiegt das Ganze nur anderthalb Kilogramm. Mein deutlich kleineres Zelt bringt es dagegen auf zwei Kilogramm. Am meisten fasziniert mich aber, dass sie sogar ihren Rucksack selbst genäht hat – einen, der richtig viel Volumen fassen kann und trotzdem nur 600 Gramm wiegt. Auch die Schwimmweste, ihre Wetterjacke und der gesplittete Trockenanzug, bestehend aus einer spritzwasserdichten Jacke und Hose, sind ein Produkt ihrer eigenen Arbeit.

Marina ist ein fantastisches Beispiel dafür, dass expeditionstaugliche Ausrüstung keine teure Angelegenheit sein muss und trotzdem ultraleicht und lange haltbar sein kann – zwei Kriterien, die sich oft einander ausschließen. Bisher hatte ich immer den Eindruck, dass die russischen Wildniswanderer der alten Schule gar nicht so sehr aufs Gewicht achten. Dass sie alles Mögliche – Dinge wie Gewehr, Beil, Grillrost, schwere Zelte und dicke Matten – mit sich herumschleppen, nur weil sie es können und weil es schon immer so gemacht wurde. Doch nun werde ich plötzlich eines Besseren belehrt und komme vor allem bezüglich meines eigenen Gepäcks gewaltig ins Grübeln. Denn während Marina mit einem 32 Kilogramm schweren Rucksack voll ausgerüstet war, um für drei bis vier Wochen in die Wildnis zu gehen, umfasste mein Gepäck ohne Fahrrad und Werkzeug für dasselbe Vorhaben ganze 60 Kilogramm. Okay, hätte Marina meine Proviantrechnung übernommen, wäre sie auf etwa 40 Kilogramm gekommen. Aber selbst dann habe ich immer noch ganze 20 Kilogramm mehr als sie! Da frage ich mich ernsthaft, warum ich mich eigentlich jedes Mal so dermaßen überlade? Wahrscheinlich liegt es daran, dass ich als Radreisender, der nichts auf dem Rücken tragen muss, schon immer etwas mehr als nötig mitgenommen habe – einfach um auf Nummer sicher zu gehen, um auf alle Eventualitäten vorbereitet zu sein. Dadurch habe ich nie gelernt, effektiv zu reduzieren. Zumal ich durch mein tief verankertes Nachhaltigkeitsdenken nie bereit war, funktionierende Ausrüstung gegen neue auszutauschen, nur weil sie etwas leichter oder hochwertiger ist. Vielleicht sollte ich an dieser Einstellung mal etwas rütteln.

Unterwegs geangelter Fisch wird am Abend über dem Feuer gebraten.

Günstiges Mikroklima hat in der Flussaue richtige Bäume wachsen lassen.

Da ich mit all meinem Gepäck und den vielen Absicherungen beim Bootbepacken deutlich länger brauche als Marina, geht sie schon etwas früher aufs Wasser und paddelt vor. Sie hat wie ich kein GPS dabei und navigiert ausschließlich mit Papierkarten. Wir einigen uns darauf, dass jeder erst einmal im eigenen Tempo den Fluss hinabfährt, ohne dabei auf den anderen zu warten. Spätestens zur Mittagspause würden wir dann wieder zusammenfinden und gemeinsam weiterpaddeln. Das kommt uns beiden entgegen, denn Marina erkundet gerne die Umgebung und wirft bei jeder Gelegenheit die Angel aus, ich dagegen fotografiere viel und halte aus diesem Grund oftmals an. So kann jeder seinem gewohnten Trott nachgehen, ohne dabei das Gefühl zu haben, den anderen aufzuhalten oder zur Eile zu drängen.

Auch heute verwöhnt uns wieder schönstes Sommerwetter mit angenehmen 20 °C. Das klare Wasser des Flusses strahlt in einem tiefen Blau und glitzert im Gegenlicht der Sonne. Nach einem längeren Stillwasserabschnitt mit spiegelglatter Oberfläche nimmt der Fluss wieder Fahrt auf und trägt mich durch eine idyllisch anmutende Auenlandschaft. Richtiger Wald taucht auf, mit teils kräftigen Bäumen, die den Ufern die Aura von Oasen verleihen. Genau hier kommt von links ein größerer Fluss hinzu: der Telekaj. Direkt an seiner Einmündung sehe ich eine Äsche durchs Wasser schwimmen und werfe spontan meine Angel aus. Es vergehen nur wenige Sekunden, da hängt sie schon am Haken. Die Fische Sibiriens sind es nicht gewöhnt, dass man sie mit blinkenden Ködern überlistet, und so hat auch ein Laie wie ich stets leichtes Spiel, sie aus dem Wasser zu holen. Dahinter wird die Strömung richtig flott und es folgt ein verblockter Wildwasserabschnitt, bei dem sich erstmals ein paar Wellen in das Boot hineinbrechen. Kurz darauf erspähe ich schließlich Marina, die an einer Anhöhe pausiert. Sie hat ein kleines Feuer entzündet, um sich einen Tee zu kochen. Den Rest des Tages sind wir wieder gemeinsam unterwegs und erreichen am Abend noch die Einmündung in den Tschaantal'vegyrgyn, der von nun an der Namensträger unserer Wasserstraße bleiben wird.

Eine kleine Herde Rentiere zieht hier durch die Aue und frisst von den Blättern der Büsche. „Wo Rentiere sind, müsste auch ein Lager der Tschuktschen sein", meint Marina und sucht mit einem kleinen Fernglas die Umgebung ab. Plötzlich entdeckt sie jemanden. Einige Hundert Meter vor uns hebt sich auf einer Böschung die Silhouette eines Mannes ab. Auch er scheint uns gesehen zu haben und gibt uns ein Zeichen. Kurzerhand ziehen wir unsere Boote an Land und stiefeln zu ihm. Einen Einheimischen in der Tundra zu treffen, das ist interessant. Wie schon vermutet, ist es ein Rentierhirte vom Volk der Tschuktschen, der mit einem Hund über die kleine Herde am Flussufer wacht. Er erzählt uns, dass sein Lager nicht weit von hier entfernt sei, nur zwei Kilometer von der Flussmündung entfernt. Wir können gerne vorbeischauen, drei Familien leben dort und würden uns sicher willkommen heißen. Diese Gelegenheit wollen wir uns natürlich nicht entgehen lassen und sagen unser Kommen zu. Aber nicht mehr heute, die Sonne ist schon untergegangen. Wir wollen erst einmal in Ruhe ankommen und sie dann morgen besuchen. Zurück bei den Booten schlagen wir unsere Zelte auf, entfachen ein Feuer und kochen uns noch eine Suppe aus dem heutigen Fischfang. Erstmals auf dieser Tour zeigt sich der zunehmende Mond am Südosthorizont und wirft ein mystisches Licht in die mittlerweile tiefblaue Mitternachtsdämmerung. Flache Nebelschwaden wabern über die feuchte Tundra, während trotz kühler 5 °C Myriaden an Mücken über uns herfallen. Sogar Marina trägt jetzt ein Mückennetz, das von einem herrlich bunten Hut mit breiter Krempe herunterhängt. Nichtsdestotrotz genießen wir die stimmungsvolle Stille der Nacht und verkriechen uns erst gegen zwei Uhr morgens in die Zelte.

9

RENTIERNOMADEN UND WILDWASSERRAFTING

TAG 33, KILOMETER 1.135

Als am Vormittag der östliche Wind auflebt und die lästigen Mücken vertreibt, ist der Moment gekommen, wieder ins Freie zu gehen. Wir frühstücken, bauen unsere Zelte ab und packen schon alles ein, ehe wir uns schließlich auf den Weg zum Lager der Rentiernomaden machen. Eine halbe Stunde arbeiten wir uns durch die teils versumpfte Flussaue, dann sehen wir sie am Horizont auftauchen: drei große Jaranga-Zelte aus zusammengenähten Rentierhäuten und Stoffplanen, die wie helle Felsen aus der weiten Tundrenlandschaft ragen – ein Bild wie aus einer anderen Zeit. Voller Faszination gehen wir auf diesen archaisch anmutenden Ort zu und fühlen uns um einige Jahrtausende in die Vergangenheit versetzt. Wahrscheinlich hat in grauer Vorzeit, als die Völker Sibiriens noch über eine Landbrücke nach Amerika wandern konnten, eine ganz ähnliche Szenerie geherrscht.

Einen ganzen Tag sind wir zu Gast bei den Rentierzüchtern.

Einer der Tschuktschen, offenbar das Oberhaupt der Familien, kommt uns entgegen und stellt sich herzlich grüßend als Valodia vor; wir tun es ihm gleich, zuerst Marina, dann ich. Bei meinem Namen, den ich in Russland immer wie im Englischen ausspreche, horcht er plötzlich auf: „Richard? Richard Gere!?" Alle lachen … Ich bin überrascht, dass er den amerikanischen Schauspieler kennt. Auch wenn es scheint, dass die Leute hier vollkommen isoliert ihr eigenes traditionelles Leben führen – sie wissen Bescheid, was in der Welt passiert und angesagt ist. Was mich aber noch mehr überrascht, ist der trockene Allerweltshumor von Valodia, der mich ab jetzt einfach nur „Gere" nennt. „Gere! Komm mit, ich zeige dir etwas." Er führt uns durch das Lager und erklärt bereitwillig all die Dinge, die wir zu sehen bekommen. „Das sind unsere Schränke", sagt er und zeigt auf ein paar herumstehende Schlitten, die mit Dingen beladen sind, die sie gerade nicht brauchen. Gleich daneben befindet sich ihre „Garage", ein Platz, auf dem zwei Schneemobile stehen, deren Gehäuse abgenommen wurden. Eines dient jetzt als Stromgenerator – „unser Kraftwerk", kommentiert Valodia. Dann führt er uns in eine der drei Jarangas, die komplett aus selbst hergestellten Materialien bestehen und mit Seilen aus Rentier- und Walrosshaut verzurrt sind. Jedes Zelt scheint einer Familie zu gehören. Dieses hier ist von Marta und ihrem Mann, zwei Alte wohnen noch mit ihnen.

Neugierig schauen wir uns um. Auch hier drinnen wirkt alles wie aus einer anderen Zeit. Wir setzen uns zu den anderen auf den Boden. In der Mitte des Zeltes brennt ein Feuer, über dem ein Kessel Wasser für den Tee erhitzt wird. Marta bereitet einen Teig vor, den sie zu flachen Fladen formt und schließlich in siedendem Öl zu leckeren *Lepeschka* frittiert, bei den Tschuktschen *kav-kav* genannt. Alle Anwesenden greifen zu, auch die Kinder. Als Zugabe gibt es Butter und getrocknetes Rentierfleisch, das in Robbenfett getunkt wird. Währenddessen dudelt die ganze Zeit russische Popmusik aus einem Smartphone. Auch wenn es in der Tundra keinen Handyempfang gibt, jeder hier besitzt eines dieser Geräte. Schließlich kann man damit auch Spiele spielen, Fotografieren oder eben Musik hören. Als zwischendurch das Lied *Coco Jamboo* der Neunziger-Band Mr. President ertönt, ist es ausgerechnet die 72-jährige Asia, die sich plötzlich erhebt und dazu wie eine Jugendliche in der Disco tanzt. Eine herrliche Szene, die zeigt, wie auch hier die uns vertraute Moderne mit dem traditionellen Leben der Rentiernomaden verschmelzen kann, ohne dabei einen kompletten Bruch der indigenen Kultur zu bewirken.

Durch die weltoffene und verständige Art unserer Gastgeber herrscht eine locker entspannte Atmosphäre. Sie haben kein Problem damit, dass wir sie zu allem ausfragen und das eine oder andere auch fotografieren oder filmen wollen. Marta führt uns vor, wie auch heute noch mit einem steinzeitlichen Werkzeug die Rentierfelle bearbeitet werden, um sie weich und geschmeidig zu bekommen. Und Asia demonstriert auf eine rührende Weise, wie sich aus der Rückensehne eines Rentieres ein Nähfaden zwirbeln lässt. Konzentriert zieht sie ihn anschließend durch ein Nadelöhr – ein Moment, der in mir große Bewunderung für die Fertigkeiten dieser Leute hervorruft. „Mit so einem Faden kannst du angeln oder einen Zahn ziehen", erklärt Valodia und winkt uns hinaus, um als Nächstes zu zeigen, wie man hierzulande ein Lasso wirft. Lassos sind für jeden Tschuktschen unentbehrlich, keiner geht ohne in die Tundra hinaus, und so wird der Umgang regelmäßig geübt. Danach dürfen wir auch mal in eine ihrer traditionellen Felljacken schlüpfen, die *Kuchljanka,* und uns einen Moment lang wie echte Tschuktschen fühlen. Als Mann bekomme ich noch einen Gürtel mit Messer umgeschnallt und ein Fernglas in die Hand gedrückt. Jetzt sehe ich aus wie ein Original und wäre aus der Ferne kaum noch von einem echten Rentierhirten zu unterscheiden.

Asia demonstriert auf eine rührende Weise, wie sich aus der Rückensehne eines Rentieres ein Nähfaden zwirbeln lässt. Konzentriert zieht sie ihn anschließend durch ein Nadelöhr – ein Moment, der in mir große Bewunderung für die Fertigkeiten dieser Leute hervorruft. „Mit so einem Faden kannst du angeln oder einen Zahn ziehen."

Wir wechseln in die Jaranga von Anfisa und Anatoli, den wir gestern schon am Flussufer trafen, und das Spiel der gastfreundlichen Bewirtung mit Tee und frisch frittierten *Lepeschka* beginnt von Neuem. Von Anfisa erfahren wir, dass sie noch nie woanders gelebt hat als in der Tundra. Auch hat sie hier, abseits der Zivilisation, alle ihre vier Kinder zur Welt gebracht. Für die Rentierzüchter ist das völlig normal, sie leben das ganze Jahr über in ihren Zelten, auch im Winter bei -50 °C. Die Alten, die nicht mehr bei bester Gesundheit sind, haben jedoch die Möglichkeit, die kalte Zeit in der Küstensiedlung Ryrkajpij am Kap Schmidt zu verbringen. Auch Asia und ihr schwerhöriger Mann könnten dorthin gehen. Doch dann beichtet sie uns, dass sie sich nur draußen in der Tundra zu Hause fühlt, auch wenn das Leben hier um einiges härter ist. „Wir führen ein Nomadenleben in Brigaden, einem Verbund aus mehreren Familien", erklärt Valodia. Und ihre Brigade sei dem Küstendorf Ryrkajpij zugeordnet, das Luftlinie rund 130 Kilometer entfernt ist. Uns fällt auf, dass die Generationen auch untereinander stets auf Russisch reden. Daraufhin erklärt Valodia, dass sie zu Sowjetzeiten gezwungen wurden, Russisch zu sprechen, zumindest in den Städten, in den Dörfern war Tschuktschisch erlaubt. So kam es, dass ihre Muttersprache in den Hintergrund gedrängt wurde und auch jetzt nur noch selten benutzt wird. Asias Generation beherrscht sie noch sehr gut, Valodia hingegen kennt schon viele Wörter nicht mehr. Wir wollen dennoch wissen, woher das Wort *Tschaantal* kommt. Asia erinnert sich: „Es gab mal vor langer Zeit einen Rentierzüchter mit dem Namen Tschaanta, der wurde hier in der Nähe des Flusses begraben. Nach ihm wurden dann die Berge und der Fluss benannt."

Marina fragt, ob sie uns auch etwas über den weiteren Verlauf des Flusses Tschaantal'vegyrgyn erzählen können. Dabei stellt sich heraus, dass einige von ihnen diesen Fluss schon mehrfach hinabgefahren sind, allerdings sei das schon länger her. Aber sie erinnern sich noch lebhaft an ein paar stürmische Stellen und an eine Gefällestufe, die besonders gefährlich sein soll. „Es ist besser, zu Fuß zu gehen, sonst wird es *kamaka*“, sagt Valodia mit einem verschmitzten Grinsen und übersetzt das rätselhafte Wort mit *kranty* – beschissen … „Es gibt dort große Felssteine“, wirft der Älteste ein, „schreckliche riesige Felsen!“ Diese Warnung sollten wir wohl ernst nehmen, denn auch Juri Kapasev erwähnte etwas von einer großen, zwei Meter hohen Schwelle.

Schließlich besuchen wir noch die dritte Jaranga von Valodia und seinen Töchtern Arina und Alina. Hier wohnt auch der eigentliche Chef der Brigade: Arinas 25-jähriger Mann – ein weiterer Anatoli. Ihr gemeinsamer Sohn Gleb ist bereits schulpflichtig und wird ab September in das Internat nach Kap Schmidt gehen. Kontakt zu den Siedlungen können sie über ein Satellitentelefon herstellen, der Staat kommt für die Kosten auf. Auch wir dürfen es für einen Anruf nutzen. Für Marina, die gänzlich ohne Kommunikationsmittel unterwegs ist, ja noch nicht mal einen Notfallsender dabeihat, eine willkommene Gelegenheit, ihrem 18-jährigen Sohn Serega ein Lebenszeichen zu hinterlassen. Da es schon relativ spät ist, bieten sie uns nun auch an, die Nacht bei ihnen zu verbringen. Wir überlegen kurz, sind uns aber schnell einig, dass wir eine solche Einladung unmöglich ausschlagen können. Ein paar warme Sachen bräuchten wir aber, also gehen wir noch einmal zu den Booten, diesmal in Begleitung unserer Gastgeber, die unbedingt sehen wollen, wie wir unterwegs sind. Jetzt sind wir es, die von neugierigen Fragen überhäuft werden.

Als wir zurück im Lager sind, steht plötzlich ein *Vezdechod,* eines der typisch russischen Kettenfahrzeuge, vor den Zelten. Arina und Alina sind ganz außer sich und rennen vor. Es ist eine Lebensmittellieferung von der „Baza Plamennyj“, einer Umschlagbasis der Rentierhüter-Brigaden, an deren Ort sich einst eine Quecksilber-Mine befand, die aber schon in den 1970er-Jahren geschlossen wurde. So wie es scheint, gibt es von dort eine Kettenfahrzeugspur, die sogar bis nach Iul'tin weiterführt und auch mit jener verbunden ist, die ich auf meiner Offroad-Etappe zu den Bergseen passierte. Dass hier ein Kettenfahrzeug vorbeikommt, ist dennoch ein seltenes Ereignis. Entsprechend emsig ist das Treiben, alle sind in Bewegung: Kisten mit Produkten werden ausgeladen, Neuigkeiten ausgetauscht und aus Kinderperspektive neue Abenteuerspielplätze erkundet. Die Knirpse sind kaum zu bremsen, als sie das panzerähnliche Fahrzeug sehen – sie klettern hinauf, steigen hinein und springen Figuren drehend von ihm herunter. Als sich die drei Fahrer wieder startbereit machen, um zurück zur Basis zu fahren, steigt Valodia spontan hinzu. Er wirft sich lediglich eine *Kuchljanka* über, hängt sich eine Flinte über die Schulter und setzt sich zu den anderen auf das immer noch voll beladene Fahrzeug, das in seinem Innern anscheinend nur dem Steuermann einen Platz bietet. Er will die Gelegenheit nutzen, um eine benachbarte Brigade zu besuchen, da offenbar seine neue Frau dort lebt. Den Rückweg bestreitet er dann einfach zu Fuß – mehr als 100 Kilometer quer durch die Tundra …

Als das Kettenfahrzeug nicht mehr zu sehen ist, machen sich auch die anderen Männer auf den Weg. Sie hatten tagsüber schon einen Traktor vorbereitet, der einen *Bolok,* eine Art Wohncontainer auf Metallkufen, hinter sich herziehen soll. Sie wollen damit den Rentieren folgen, die sich inzwischen wieder etwas weiter vom Lager entfernt haben. Rund um die Uhr wachen sie über die Tiere und sind deshalb die meiste Zeit irgendwo in der Tundra unterwegs. Wir erfahren, dass die Herde im letzten Winter stark geschrumpft ist; ungewöhnlich viel Schnee führte dazu, dass die Tiere nicht mehr ausreichend Futter freischarren konnten. Viele verendeten daraufhin – von ursprünglich 2.500 überlebten nur jämmerliche 600! Die Kadaver kamen wahrscheinlich vor allem den Braunbären zugute, da sie nach Ende ihres Winterschlafs einen reich gedeckten Tisch vorgefunden haben müssen …

Zur Begrüßung gibt es frisch frittiertes Fladenbrot und getrocknetes Rentierfleisch.

Asia und Marta demonstrieren uns ihr traditionelles Handwerk.

Auch in der archaischen Lebenswelt der Tschuktschen ist das Handy omnipräsent.

Ein Kettenfahrzeug sorgt bei den Kindern für willkommene Abwechslung.

Nachdem der Traktor in den Weiten der Flussaue verschwunden ist, herrscht plötzlich eine ungewohnte Stille. Im Lager sind jetzt nur noch die Frauen, die Kinder und die Alten anwesend sowie ein letzter Mann, der zur Sicherheit die Stellung hält. Die Sonne geht allmählich unter und zaubert im Verlauf ein kräftiges Abendrot an die Wolken. Während Arina und Alina noch eine Runde Volleyball spielen, sammelt Asia etwas Holz für das Feuer. Ich helfe ihr dabei, um mich ein wenig nützlich zu machen. Ohnehin ist es gerade gut, in Bewegung zu bleiben, da der Wind abebbt und damit auch wieder die Mückenaktivität auflebt. Im Zelt trinken wir bei düsterem Licht noch einen Tee und begeben uns schon bald zu Bett. Marina und ich dürfen im *Polog* von Valodia übernachten, dem traditionellen Baldachin aus Rentierfellen, der auch im kältesten Winter immer warm hält. Jetzt im Sommer ist er etwas luftiger mit Lücken und Öffnungen, und doch ist es nach dem Verschließen des Eingangs stockfinster im Innern. Arina und Alina haben sich derweil in ein klassisches Giebelzelt zurückgezogen, das innerhalb der Jaranga eingehängt ist. Doch bevor sie schlafen gehen, kramen sie noch voller Selbstverständlichkeit einen Laptop heraus und schauen sich einen Film an.

Am nächsten Morgen gibt es eine Suppe aus Rentierfleisch, dazu Tee und löslichen Kaffee. Dabei erzählt uns Arina, dass es flussabwärts ein paar gefährliche Bären geben soll, die auch schon Menschen angegriffen haben. Zum Glück gab es noch keine Vorfälle mit tödlichem Ausgang. Hoffen wir mal, dass es so bleibt. Erst vorgestern hatte Marina vom Wasser aus einen Bären gesehen, der sich kurz aufstellte, dann aber über die Flussböschung davonlief. Im Grunde sollten sich doch alle Bären so verhalten.

Schließlich ist es so weit und wir nehmen Abschied voneinander. Mit einem großen Beutel an Lebensmittelgeschenken verlassen wir das Lager der drei Tschuktschen-Familien. Erfüllt von all den Eindrücken und der warmen Gastfreundschaft dieser Leute begeben wir uns zurück zu unseren Booten. Wir waren nur 24 Stunden bei ihnen zu Besuch und haben dennoch so unglaublich viel gesehen, erlebt und verstanden. Es war ein faszinierender und lehrreicher Einblick in das authentische Nomadenleben der Rentierzüchter, eine Momentaufnahme ihres Alltags zwischen Tradition und Moderne. Dieser grundsolide Familienverbund hat uns gezeigt, wie gut das Leben hier draußen funktionieren kann – trotz so mancher Risiken und Schicksalsschläge. Und sie scheinen zufrieden zu sein mit dem, was sie haben. Dafür spricht auch, dass während der ganzen Zeit unseres Besuches kein einziger Tropfen Alkohol floss!

WILDWASSERFAHRT AUF DEM TSCHAANTAL'VEGYRGYN

Es hat sich eingetrübt. Dunkle Wolken ziehen bedrohlich über den Himmel und lassen schon erahnen, dass sie ihre schwere Fracht wohl nicht mehr lange halten werden. Kaum sind wir auf dem Wasser, bekommen wir das kalte Nass auch von oben zu spüren – kräftiger Regen setzt ein. Auch der Ostwind frischt auf und bläst uns jetzt mit vier Windstärken direkt ins Gesicht. Ausgerechnet hier hat der Fluss kaum Strömung, sodass wir kräftig paddeln müssen, um nicht wieder zurückgeschoben zu werden. Marina hält sich wacker gegen all das Unbill und ist schon ein gutes Stück voraus. Ich dagegen drehe mich im Kreis und komme keinen Meter vorwärts. Der hohe Gepäckaufbau auf meinem Bug bietet dem Gegenwind eine viel zu große Angriffsfläche. Ich steige aus und versuche, mich zu Fuß am Ufer durchzuschlagen – doch auch flussabwärts treidelnd mache ich kaum Strecke. Also warte ich, bis der Wind ein wenig nachlässt, und versuche es noch einmal paddelnd. Im Schneckentempo arbeite ich mich nun mit aller Kraft Meter um Meter vorwärts. Nur noch ein kurzes Stück, dann biegt der Fluss in einer scharfen Kurve nach links, und das hohe Prallufer könnte etwas Windschutz bieten. Marina scheint meine

Gedanken zu lesen und legt bereits an. Umgehend sucht sie etwas Holz zusammen und bereitet trotz der Nässe ein kleines Pausenfeuer vor. Als ich anlege, klingt der Regen wieder ab, doch sind wir inzwischen so sehr durchnässt, dass wir in der 10 °C kalten Luft schnell ins Schlottern kommen. Wir müssen uns bewegen, um wieder warm zu werden! Also steigen wir schon nach kurzer Zeit wieder in unsere Boote und paddeln weiter. Zum Glück bessert sich ab jetzt auch die Strömung und wiederholte *Schivery* – flotte Abgänge über steinigem Grund – sorgen für etwas Abwechslung. 35 Kilometer schaffen wir bis zum Abend, immerhin eine durchschnittliche Tagesetappe.

In der Nacht klart es auf und die Temperatur sackt auf -3 °C. Doch die Kälte ist schnell vertrieben, als die Sonne höher steigt und im Zelt für Saunatemperaturen sorgt. Erneutes Schönwetter scheint sich einzustellen, mit einem herrlichen Licht, in dem die Landschaft gleich viel einladender wirkt. Wir paddeln weiter durch eine abwechslungsreiche Bergtundra mit wundervollen Ausblicken, für die wir ab und zu eine höhere Böschung besteigen. Auch heute reiht sich eine *Schivera* an die nächste, sodass es nie langweilig oder mühsam wird. Aber wir müssen stets auf der Hut bleiben, vor allem dort, wo uns ein lautes Rauschen entgegenschlägt, denn es könnte jederzeit die „Zwei-Meter-Schwelle" mit den „schrecklichen riesigen Felsen" auftauchen. Doch nichts dergleichen passiert – bis zum Abend.

Schon von Weitem hören wir ein brachiales Getöse, wie es bisher noch nicht aufgetreten ist. Hinter der nächsten Rechtskurve scheint es einen gefährlichen Abgang zu geben. Wir legen am Ufer an und inspizieren die Stelle zu Fuß. Es ist die prophezeite Wildwasserschwelle. Laut brüllend stürzt sich hier der Fluss durch eine felsige Engstelle, der Höhenunterschied mag tatsächlich zwei Meter betragen. Und genau in der Mitte des wilden Stromes stemmt sich ein Felsrücken gegen die unentwegte Naturgewalt. Hier durchzufahren wäre in der Tat viel zu riskant.

Wir entscheiden uns beide, diese donnernde Wasserrutsche zu umgehen. Auf der anderen Flussseite erkennen wir einen flachen Nebenarm, der zwar von einigen Felsbrocken durchsetzt ist, aber ganz passabel zu sein scheint. Wir paddeln rüber und siehe da: Hier geht es bequem und sicher durch, ohne umtragen zu müssen. Diese „schreckliche Zwei-Meter-Schwelle" lässt sich also völlig risikolos überwinden. Dahinter zieht uns die Strömung in einen flachen Canyon. Alles ist ruhig, die Geschwindigkeit fantastisch, sodass wir uns zurücklehnen und einfach treiben lassen. Doch so entspannt sollte es nicht weitergehen. Schon an der nächsten Biegung folgt erneut eine Engstelle, in der sich das Wasser urplötzlich zu hohen Wellen aufschaukelt. Da es im Canyon keine gescheite Möglichkeit zum Umtragen gibt, rauschen wir diesmal durch. Wie Spielzeuge tanzen unsere kleinen Boote über die Wellenberge und stürzen dazwischen durch metertiefe Schächte. Ein falscher Paddelschlag oder nur eine dieser Wellen von der Seite, und es würde uns sofort umdrehen. Also versuchen wir, die hohen Brecher stets frontal anzusteuern. Wir kommen unbeschadet durch, doch wir ahnen schon, dass wir uns erst am Anfang einer längeren Wildwasserkaskade befinden, die uns auf den folgenden Kilometern noch in Atem halten wird …

Insgesamt acht weitere Schwellen mit teils wuchtigen Wellen lassen am nächsten Tag unseren Adrenalinspiegel zwischenzeitlich in die Höhe schnellen. Die ersten zwei passiere ich noch ohne besondere Vorkehrungen. Als dann aber eine Stromschnelle direkt auf eine Felswand zusteuert, schlüpfe ich vorsichtshalber in meinen Trockenanzug, den ich genau für solche Situationen mitgenommen habe. Falls ich nämlich unfreiwillig in das 9 °C kalte Wasser fallen sollte, würde mich der wasserdichte Ganzkörperschutz einerseits vor einer möglichen Unterkühlung bewahren, andererseits vor einem totalen Durchnässen meiner Kleidung, die sich anschließend nur zeitaufwendig trocknen ließe. Marina wagt es weiterhin

Schon von Weitem hören wir ein brachiales Getöse, wie es bisher noch nicht aufgetreten ist. Hinter der nächsten Rechtskurve scheint es einen gefährlichen Abgang zu geben. Wir legen am Ufer an und inspizieren die Stelle zu Fuß. Es ist die prophezeite Wildwasserschwelle. Laut brüllend stürzt sich hier der Fluss durch eine felsige Engstelle.

ohne ihren Nässeschutz, mit dem sie ohnehin nur gegen Spritzwasser gefeit ist. Dafür scheint sie aber die schwierigen Stellen gut umschiffen zu können. Ihr Boot ist nämlich nicht so überladen und damit leichter und viel wendiger als meins. Dennoch komme auch ich ganz gut durch, ohne dass es kritisch wird. An fast jeder Schwelle ist es notwendig anzulanden, um die Situation vom Ufer aus zu inspizieren. Es geht darum, eine gute Linie durch das Wildwasser zu finden, der man dann versucht zu folgen, um das Gröbste an sich vorbeiziehen zu lassen.

Schließlich öffnet sich der Canyon und wir meinen, die schwierigsten Passagen hinter uns zu haben. Eine gewisse Anspannung fällt ab, und wir lassen uns für eine Weile durch die Sonne treiben. Doch dann ragen erneut ein paar Felsen empor, die den Flusslauf bedrohlich verengen und über weitere Schwellen stürzen lassen. Schon an der ersten zeigen sich von Weitem die schäumenden Wellenkämme einer ruppigen Stromschnelle. Marina hatte sich bereits hindurchgewagt und wartet nun auf einem Felsvorsprung, um mich bei der Durchquerung zu filmen. Also wird es wohl nicht so schlimm sein, denke ich mir, und lasse mich ohne Vorerkundung hineinziehen. Doch dann realisiere ich, dass ich viel weiter an den linken Rand hätte paddeln sollen, denn direkt vor mir zeichnen sich die höchsten Wellen ab. Mit aller Kraft schlage ich mein Paddel in die Fluten, um von dieser Linie herunterzukommen. Doch ich schaffe es nicht mehr … Die hohen Wellen sind schon zu nah – ich muss mein Boot bereits nach vorne ausrichten, um damit frontal hindurchzubrechen. Rumms! Gleich zu Beginn stürzt eine riesige Welle über den Bug ins Bootsinnere hinein und füllt es mit einem Schlag randvoll mit Wasser. Wie ein Frachtschiff rammt es sich nun durch die unmittelbar folgenden Wellenberge. In diesem trägen Zustand ist es nahezu manövrierunfähig, aber durch die zusätzliche Wassermasse in seinem Innern scheint es auch stabiler im Wellengeschaukel zu liegen. Schließlich beruhigt sich

Der weiterführende Flusslauf überrascht uns mit ein paar heftigen Wildwasserpassagen.

die Wasserfläche, und ich bin sichtlich erleichtert, noch immer an Bord zu sein.

Ich winke Marina zu und signalisiere ihr, dass alles okay ist – und übersehe doch glatt, dass sich direkt vor mir ein weiteres Hindernis befindet. Wieder einmal bemerke ich es zu spät und es gelingt mir nicht mehr, daran vorbeizusteuern. Den Kräften der Natur ausgeliefert, gleite ich über einen Unterwasserfelsen und rutsche dahinter in einen riesigen Strudel hinein. Ein Schock durchfährt meine Glieder. Intuitiv klammere ich mich an die Rundumleine, um nicht in den brodelnden Sog geworfen zu werden. Für einen Moment hängt das Boot darin fest, dreht sich im Kreis und droht zu kentern. Doch dann schiebt es mich auf einmal von ganz alleine hinaus … Mann Mann Mann, das war wirklich knapp! Was habe ich doch für ein Glück, dass diese Unachtsamkeit so glimpflich ausgegangen ist. Auch wenn ich nicht allein unterwegs bin, sollte ich nie die potenziellen Gefahren unterschätzen und mir immer selbst ein Bild davon machen.

Weitere Wildwasserüberraschungen bleiben uns zum Glück erspart, die letzten zwei Schwellen lassen sich problemlos passieren. Kurz darauf enden auch die felsigen Ufer, und der Tschaantal'vegyrgyn weitet sein Bett. In dieser ungeschützten Weite bläst uns wieder ein frischer Wind entgegen. Ich suche Deckung an den Ufern und biege schließlich in einen kleineren Nebenarm ein, während Marina auf dem schutzlosen Hauptarm bleibt. Bis zur Einmündung in den von rechts kommenden Ekityki sind es nur noch ein paar Hundert Meter, also sollten wir uns gleich wieder treffen. Doch dann schlägt mein Nebenarm einen längeren Umweg ein und ich verliere den Sichtkontakt zu ihr. Von diesem Moment an ist es mir unmöglich einzuschätzen, ob sie entschlossen weiterpaddelt oder vielleicht schon auf mich wartet – eine ziemlich blöde Situation. An einem flachen Uferabschnitt halte ich an und laufe durch die Aue in Richtung Mündung. Doch der Weg dahin ist weit – viel weiter als gedacht. Wahrscheinlich würde ich eine halbe Stunde brauchen, um den Hauptlauf zu Fuß zu erreichen. Ich will schon umdrehen und zu meinem Boot zurückgehen, da sehe ich Marina plötzlich weit vor mir eine Böschung hinaufsteigen. Eine alte Hütte befindet sich dort, die sie sich offenbar anschauen will. Ich rufe und wedle mit meiner blauen Schwimmweste, doch auf diese Entfernung, dazu noch im Gegenwind, habe ich keine Chance – sie bemerkt mich nicht.

Aber gut, wenn sie dort wartet, weiß ich immerhin, wo ich sie finden kann. Also gehe ich wieder zu meinem Boot, lasse mich von der Strömung noch so weit treiben, bis auch ich den Ekityki erreiche, und laufe ihr auf der Uferböschung flussaufwärts entgegen. Zum Glück ist sie noch da, als ich die Hütte erreiche … Wir vereinbaren, eine Signalpatrone abzufeuern, falls wir uns noch einmal verlieren und gegenseitig suchen sollten. Wobei es natürlich noch besser ist, auf den folgenden Flusskilometern immer dicht beieinanderzubleiben und stets der vorausfahrenden Person zu folgen, auch wenn man selbst mal anders entscheiden würde. Ja, Paddeln im Team muss gewissen Regeln folgen. Wir sind zwar so ausgerüstet, dass wir vollkommen unabhängig voneinander klarkommen würden, doch ohne vorherige Absprachen fängt man schnell an, sich Sorgen um den anderen zu machen.

ENTSCHEIDUNG BEI IUL'TIN

Die Einmündung in die Amguema ist jetzt nicht mehr weit und damit auch das Ende unserer gemeinsamen Flussfahrt. Sobald wir morgen die alte Brücke zum verlassenen Bergbauort Iul'tin erreichen, werden wir uns wieder trennen. Marina wird sich auf die alte Trasse nach Egvekinot begeben, um sich auf den zweiten Teil ihrer langen Wanderung vorzubereiten, während ich mich meiner finalen Offroad-Etappe stellen werde, die mich noch bis zum Walfängerdorf Vankarem führen soll – ins-

Allmählich nähern wir uns dem Ende unserer gemeinsamen Etappe.

gesamt 120 Kilometer per Boot auf dem Unterlauf der Amguema und 80 Kilometer per Rad am Strand der Tschuktschensee. Ich kann es kaum erwarten, zum Abschluss der Tour noch das Tschukotka der Küste kennenzulernen: den Arktischen Ozean mit seinen Treibeisfeldern, den Lebensraum der Eisbären, Walrösser und Wale – und natürlich die Heimat der Seejäger, jener Tschuktschen, die von der Jagd auf diese Tiere leben. Die hiesige Küste ist eine vollkommen andere Welt, nicht zu vergleichen mit dem, was ich bisher gesehen habe …

Wenn ich das richtig überblicke, habe ich noch Proviant für etwa zehn Tage. Der könnte tatsächlich gerade so reichen, um es damit bis nach Vankarem zu schaffen. Vorausgesetzt, das Wetter hält! Um eine ungefähre Ahnung zu bekommen, lasse ich mir am Abend über meinen Satellitenmessenger eine Wetterinfo für die kommenden fünf Tage schicken. Was ich dann zu sehen bekomme, lässt mich allerdings schnell ernüchtern. Ausgerechnet jetzt ist ein neuerlicher Wintereinbruch vorhergesagt! Mit kräftigen Nordwinden, einstelligen Tagestemperaturen und wiederholtem Regen, Schneeregen und Schnee. Bei so einem Wetter hätte ich auf dem weitverzweigten und wahrscheinlich auch strömungsarmen Unterlauf der Amguema kaum noch eine Chance vorwärtskommen. Mir würde also nichts anderes übrig bleiben, als die ungemütlichsten Tage im Zelt auszusitzen. Genau dafür reicht aber mein Zeitpuffer nicht! Der Proviant würde mir ausgehen, noch bevor ich mein Ziel erreiche. Natürlich könnte ich auch mal für ein paar Tage hungern, der Körper würde damit klarkommen. Während der Putorana-Querung vor zwei Jahren habe ich diese Erfahrung schon einmal gemacht und festgestellt, dass sich auch im entkräfteten Zustand noch einiges schaffen lässt. Doch will ich mich jetzt ganz bewusst in so eine Situation begeben? Hätte ich hungrig und mit Kaloriendefizit auch noch genug Energie, um mich überzeugend einem Eisbären entgegenzustellen?

Was das Thema Eisbären angeht, fühle ich mich im Grunde bereit, mich darauf einzulassem – habe ich doch inzwischen all die Ratschläge von Njurgun, der 2011 auf gleicher Strecke nach Vankarem gegangen ist, bis ins letzte Detail verinnerlicht. Nur eine Sache sorgt noch für ein gewisses Unbehagen, denn die Erfahrungen Njurguns liegen schon einige Jahre zurück. Im Blog des russischen Eisbärenforschers Anatoli Kotschnev entdeckte ich nämlich eine Grafik, die mir unmissverständlich klar machte, dass an der Nordküste Tschukotkas die Zahl der Konfliktsituationen zwischen Eisbär und Mensch in den letzten 20 Jahren durch die Klimaerwärmung deutlich zugenommen hat, und zwar exponentiell, wobei es auch wiederholt Fälle mit tödlichem Ausgang gab[4]. Die Situation könnte sich also durchaus verschärft haben. Sollte ich es dennoch wagen?

Das Wetter an unserem letzten gemeinsamen Paddeltag ist grau und kühl, mit spürbarem Gegenwind. Wir kommen trotzdem zügig voran, die Strömung des Ekityki ist durchweg gut. Immer wieder passieren wir Uferbereiche, an denen der Fluss permanent nagt und riesige Erdmassen ins Wasser brechen lässt. An manchen Abbruchkanten prangt uns blankes Eis entgegen – es ist der Permafrost, der hier sichtbar zutage tritt und eindrucksvoll demonstriert, wie dünn die isolierende Vegetationsschicht ist, die ihn vor dem sommerlichen Auftauen bewahrt. Im Mündungsdelta zur Amguema müssen wir kurz aussteigen und die Boote über ein paar Untiefen ziehen. Doch dann nimmt uns die Kraft des breiten Stromes auf und lässt uns mit einer flotten Geschwindigkeit weitertreiben. Am Berghang neben uns ist schon die alte Piste zu sehen, die kurz nach dem Zweiten Weltkrieg von Gulag-Häftlingen erbaut wurde. Die Trasse Egvekinot-Iul'tin ist damit wie die Kolyma-Trasse eine „Straße der Knochen“, die von einer unmenschlichen Ära erzählt. Jetzt säumen hier ein paar Datschen das Ufer – Fischerhütten, die auch für Erholungsausflüge genutzt werden.

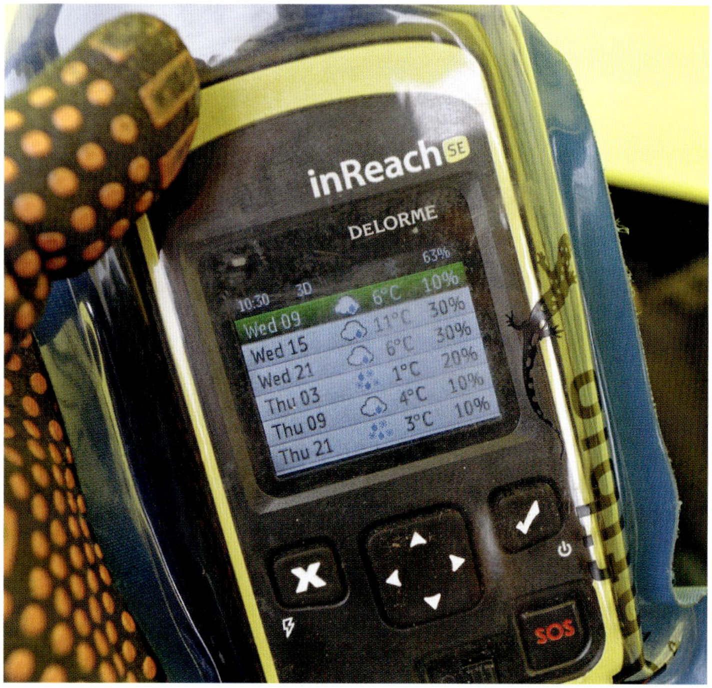

Schlechtes Omen: Die Wettervorhersage verheißt nichts Gutes, und an der zerstörten Brücke bei Iul'tin versenke ich auch noch eine meiner zwei Kameras …

Wir lassen uns noch so weit treiben, bis die alte Piste den Fluss kreuzt. Schon von Weitem erkennen wir die Überreste der riesigen, vollkommen zerstörten Brücke, lediglich in der Mitte des Flusses befindet sich noch ein zusammenhängendes Brückenfragment, das wie ein Gerippe auf Betonpfeilern thront. Diese Brücke ermöglichte einst den Zugang zur Bergbausiedlung Iul'tin (übersetzt „Langes Eis"), die sich 25 Kilometer nördlich von hier in den Bergen befindet. Bereits 1937 entdeckte man an diesem Ort ein bedeutendes Vorkommen an Zinn, Wolfram und Molybdän, doch erst mit der Einschiffung Tausender Zwangsarbeiter ab dem Jahr 1946 begann man, diese Region infrastrukturell zu erschließen. Zunächst wurde die Hafensiedlung Egvekinot gegründet, dann eine 200 Kilometer lange Trasse bis zur Erzlagerstätte gebaut und nach ihrer Fertigstellung im Jahr 1953 schließlich inmitten der Berge der Ort Iul'tin aus dem Boden gestampft. Mehr als 5.000 Menschen lebten und arbeiteten hier bis in die 1990er-Jahre hinein. Doch nach dem Zerfall der Sowjetunion wurde der Bergbau irgendwann unrentabel, und als die Brücke 1994 durch einen Eisgang zerstört wurde, gab man die Siedlung schließlich komplett auf. Im Jahr 2000 verließen die letzten Einwohner die Geisterstadt, seitdem soll hier nur noch ein Mann ein Fahrzeugdepot bewachen, das im Winter den *Zimnik* zum Kap Schmidt bedient.

Als auf der rechten Seite ein breites Schotterufer auftaucht, entscheiden wir uns anzulegen. Doch zuvor will ich noch vom Fluss aus die Brücke fotografieren und ziehe meine Pentax aus der wasserdichten Fototasche – dabei fällt mir plötzlich meine Zweitkamera, die Sony, ins Wasser. Hastig versuche ich sie noch zu retten, stürze dabei fast aus dem Boot, doch vergebens, sie versinkt … „Neeeiiiiinn!!", brülle ich vor lauter Verzweiflung über den Fluss, als trüge er die Schuld an diesem Missgeschick. Doch meine Rufe verhallen im Nichts, nicht mal Marina bemerkt mein Geschrei, obwohl sie im Gegenwind nur ein paar Meter vor mir an Land gegangen ist.

Im Angesicht der gewaltigen Natur und ihrer zeitlosen Gesetze ist dieser Vorfall natürlich vollkommen bedeutungslos, nicht aber für mich, sind doch soeben auch die Hälfte meiner Reisefotos in den Fluten versunken! Das Sonnenfest in Jakutsk, die Ankunft in Tscherskij, die Eindrücke vom Pleistozän Park, die Motorbootfahrt nach Anjujsk, der Besuch in Bilibino, die Flussüberquerungen mit dem Packraft und alle tollen Begegnungen mit den Einheimischen … All das hatte ich nur mit dieser Kamera eingefangen – eine ganze Reihe an prägnanten Reiseerinnerungen, deren Bildmotive nun unwiederbringlich verloren sind. Das Bittere daran: Ich habe sie auf den letzten Paddelmetern „geopfert" für ein Foto, auf das ich getrost hätte verzichten können.

Als ich am Ufer anlege, überkommt mich eine innere Leere. Ich bin am Boden, total demotiviert. Es ist, als wolle mir das Schicksal sagen, ich könne auf dieser Reise noch viel mehr verlieren als nur meine Reisefotos. Und so verdichtet sich in mir das Gefühl, dass ich nicht mehr bereit bin, an die Eisbärenküste zu gehen. Die Summe der Gegenargumente lässt mich den Kürzeren ziehen: der knappe Proviant, die schlechte Wetterprognose, die unkalkulierbare Eisbärengefahr und jetzt auch noch als i-Tüpfelchen dieser Wink des Schicksals. Zu viel, als dass ich mich noch mit Überzeugung dieser letzten Herausforderung stellen könnte. Meine Entscheidung steht damit nun fest: Ich werde die Flussfahrt hier beenden und direkt nach Egvekinot fahren. Meine Reise quer durch Tschukotka wird auch ohne das lang ersehnte Küstenfinale ein grandioses Erlebnis bleiben. Vankarem und die Tschuktschensee wären zwar die Krönung des Ganzen gewesen, aber warum immer alles auf die Spitze treiben? Immerhin klingen auch Egvekinot und die Beringsee nach einem würdigen Abschluss. Alles hat seine guten Seiten, man muss sie nur sehen wollen.

10

ZURÜCK IN DIE ZIVILISATION

TAG 38, KILOMETER 1.281

Still und grau begrüßt uns der nächste Morgen. Es ist der 7. August, der Tag unseres Abschieds am nunmehr nordöstlichsten Punkt meiner Tschukotka-Reise. Während ich mein Zelt noch stehen lasse, verpackt Marina all ihre Habseligkeiten in ihren geräumigen Rucksack und macht sich bereit für den Abmarsch. Sobald sie auf ein Fahrzeug trifft, will sie sich per Anhalter bis nach Egvekinot mitnehmen lassen und von dort ihre verbleibende 700 Kilometer lange Etappe bis zum Kap Dezhnev fortsetzen. Sie bietet mir an mitzukommen, immerhin führt ihre Route durch das unbekannte Landesinnere der Tschuktschen-Halbinsel. Doch leider endet mein Visum schon am 27. August, damit würde ich nicht weit kommen, also verabschieden wir uns kurzerhand.

Anfang August scheint sich der Sommer schon zu verabschieden.

Auf direktem Weg nach Egvekinot.

Während Marina zu Fuß weiterzieht, versuche ich verzweifelt, meine Kamera wiederzufinden. Den Amguema-Canyon schaue ich mir nur von oben an.

Jetzt bin ich also wieder allein – an einem tristen Ort, bei tristem Wetter. Erdrückend wirkt auf einmal die Stille, die mich gnadenlos mit meinem aufgewühlten Inneren konfrontiert. Ich kann mich noch nicht so richtig lösen von der Idee, nach Vankarem zu gehen, war sie doch die ganze Zeit meine große Motivation, allen Strapazen zum Trotz nie den Blick nach vorn zu verlieren. Ich muss Kopf und Herz auf das neue Ziel einstimmen, mir bewusst machen, dass alles gut sein wird, egal wohin ich gehe, doch bis ich das vollkommen verinnerlicht habe, wird noch etwas Zeit vergehen. Gedankenversunken laufe ich das Schotterufer der Amguema ab, hin zu der Stelle, an der ich meine Kamera versenkt habe, und blicke ein wenig apathisch auf das fließende Wasser. Es ist glasklar, man kann bis auf den steinigen Flussgrund blicken – da sollte doch auch die Kamera zu erkennen sein! Kurz entschlossen schlüpfe ich in meinen Trockenanzug und steige in den Fluss, doch als ich die ungefähre Stelle erreiche, reicht mir das Wasser schon bis zur Brust und die Strömung schiebt mich davon. Keine Chance – so kann ich den Flussgrund unmöglich absuchen, geschweige zielgerichtet tauchen. Also finde ich mich nun endgültig damit ab, dass ein Großteil meiner Reiseerinnerungen am Grund der Amguema verbleibt.

Ich entscheide mich noch für einen Abstecher zum Amguema-Canyon, der sich nur wenige Kilometer flussabwärts durch die Berge schneidet. Ganz ohne Gepäck walze ich mit meinem Fatbike über die Schotter- und Sandflächen des Flussbetts bis an den Rand der Schlucht, wo ich zu Fuß die grasbewachsenen Anhöhen hinaufsteige, bis ich die Biegung mit den höchsten Steilwänden erreiche. Genau hier offenbart sich mir ein überwältigender Blick auf einen faszinierenden Ort. Träge zwängt sich das türkisfarbene Wasser des Flusses durch den düsteren Canyon. Keine Schwelle, kein Geschäume ist zu erkennen – ein geradezu friedlicher Übergang in eine andere Welt, die mir nun leider verschlossen bleibt. Unweigerlich muss ich an Njurgun denken, der vor sieben Jahren dort unten mit einem Faltkajak und seinem darauf befestigten Fahrrad hindurchgepaddelt ist, um anschließend noch entlang der Eisbärenküste bis zum Kap Dezhnev vorzudringen – nach einer mehr als 2.000 Kilometer langen Wildnisroute quer durch das Inland, die ihn von Omsuktschan in der Kolyma-Region bis nach Anadyr und Egvekinot im südlichen Tschukotka führte. Bis heute ist mir unbegreiflich, wie er es schaffen konnte, über eine derart lange Strecke ganz ohne Wege und Pfade ein Fahrrad durchzubringen. Dieser unerschrockene Kerl bleibt für mich ein echtes Mysterium[3].

Tags darauf packe ich endlich und starte zu meiner letzten Etappe nach Egvekinot. Auf den ersten 16 Kilometern ist der Weg ein regelrechter Hindernisparcours. Anscheinend wurde er schon seit mehr als zwei Jahrzehnten nicht mehr ausgebessert, und so quäle ich mich wiederholt durch tiefe Erosionsrinnen, die ich zum Teil nur abgepackt bewältigen kann. Erst als ich die Trabantensiedlung Geologitscheskij erreiche, in der es zwischen etlichen Ruinen nur noch ein bewohntes Haus zu geben scheint, wird aus dem Weg plötzlich ein richtig guter – mit Brücken über jeden kleinen Bach. Entsprechend schnell kurble ich die folgenden Kilometer herunter, bis ich die nächste Trabantensiedlung mit dem Namen Tranzitnyj erreiche. Auch hier gibt es ein paar Hütten, jedoch keine alten verfallenen mehr, sondern ein paar neue hölzerne mit verrammelten Fenstern – offenbar ein Urlaubsort für Privilegierte. Direkt vor einer dieser Hütten stelle ich mein Zelt mit schönem Blick auf den breiten Fluss Amguema auf, der noch bis zum gleichnamigen Dorf parallel zur Piste verlaufen wird.

In der Nacht frischt dann der Wind auf und bläst aus Norden die vorhergesagte Kälte mit nassem Schneefall heran. Am Morgen ist kurzzeitig alles weiß um mich herum, nachfolgender Regen und auf 4 °C steigende Temperaturen lassen den Schnee aber schnell wieder tauen – genau das Sauwetter, das ich befürchtet hatte, und so verbringe ich den ganzen Tag im Zelt. Auch am Folgetag pfeift der Nordwind unverändert eisig über die Tundra. Immerhin regnet es nicht mehr, sodass ich am Nachmittag schließlich aufsattle und mit Rückenwind weiter nach Süden fahre.

Zwei Kettenfahrzeuge kommen mir heute entgegen. Die Fahrer halten, steigen aus und begrüßen mich, einer sogar auf Deutsch mit „Guten Tag“. Plötzlich öffnet sich bei einem der Fahrzeuge auch die Hecktür, und es schauen noch drei gut gelaunte Damen heraus. Es sind Touristinnen aus Moskau und Sankt Petersburg, die sich für eine „Eisbären-Safari“ nach Vankarem bringen lassen. Von dort wollen sie weiter zur kleinen Insel Koljutschin bei Nutepel’men, auf der sich besonders viele der weißen Riesen herumtreiben sollen. Ich frage einen der Fahrer, auf welcher Route sie nach Vankarem gelangen wollen, ob es einen richtigen Fahrweg gibt? „Es gibt viele Wege – durch die Tundra“, antwortet er schlicht und zeigt auf eine versumpfte Spur, die genau an dieser Stelle von der Trasse abzweigt. Alles klar – nichts, worauf ich mit einem bepackten Rad Lust hätte. Ich bleibe bei meinem eingeschlagenen Kurs, der mir inzwischen auch viel sinnvoller erscheint. Als wir uns wieder verabschieden, komme ich bei einem der Mitfahrer ins Grübeln. Irgendwie kommt mir sein Gesicht bekannt vor. Doch woher? Erst hinterher fällt es mir wie Schuppen von den Augen: Das war Anatoli Kotschnev! Der Eisbärenforscher, der mir kurz vor meiner Reise noch ein paar ergänzende Tipps zum Thema Eisbärenabwehr gab. Wie klein doch die Welt in Tschukotka ist. Da läuft man sich einfach mal so über den Weg – in einem Land, zweimal so groß wie Deutschland, mit nur 50.000 Einwohnern …

ZUM FEST DES RENTIERS

Am Abend erreiche ich das Dorf Amguema und mit diesem meine erste richtige Siedlung seit Bilibino – nach geschlagenen fünf Wochen und 1.100 Kilometern „Off-Zivilisation“. 500 Einwohner hat das Dorf, etwa drei Viertel davon sind Tschuktschen, deren Hauptbeschäftigung die Rentierzucht ist. Dennoch gibt es hier einen Kindergarten, eine Schule, eine Turnhalle, eine Bäckerei und einzelne Geschäfte. Schnurstracks steuere ich das nächstbeste *Magazin* an, ein Lebensmittelgeschäft, in dem ich mir aber nur ein paar Kleinigkeiten kaufe. Ich habe immer noch genug Proviant, um es damit bis nach Egvekinot zu schaffen. Von der Verkäuferin erfahre ich, dass am morgigen Samstag, den 11. August, der internationale Tag der indigenen Völker gefeiert wird, hier auch das „Fest des Rentiers“ genannt. Na, wenn das kein Grund ist, ein bisschen länger zu bleiben!? Zurück auf der Straße frage ich eine zufällig vorbeikommende Dorfbewohnerin, ob es hier eine *Gostinitsa,* eine Gästeunterkunft gibt. Nadezhda verneint, lädt mich aber spontan auf einen Tee zu sich nach Hause ein.

Wir gehen in eines der kanadischen Fertighäuser, die einst vom Gouverneur Abramovitsch ins Land geholt wurden und nun das komplette Ortsbild von Amguema prägen. Es ist ein komfortabler, wenn auch begrenzter Wohnraum, den sich Nadezhda mit zwei weiteren Frauen – Lubova und Vera – sowie einem Sohn und zwei Töchtern teilt. Platz für spontanen Besuch bietet nur die Küche, dafür wird umso großzügiger vom verfügbaren Essen aufgetischt. Es gibt Kartoffeln mit Rentierfleisch, geräucherten Saibling und heiße Moltebeeren. Während ich von allem mal probiere, erzählt Vera, die Älteste, dass schon in den 1980er-Jahren Touristen nach Amguema kamen: zuerst Deutsche und Österreicher, dann Franzosen, Chinesen und andere. Plötzlich unterbricht Lubova. Ihr fällt ein, dass ein Bekannter in den Urlaub gefahren

Im Dorf Amguema feiern die Einheimischen das Fest des Rentiers.

Am Abend fahre ich wieder hinaus in die kalte Tundra.

ist und seine Wohnung gerade leersteht. Dort könne ich doch für eine Nacht unterkommen! Wir gehen hin, Lubova hat einen Schlüssel für das Haus. Sie öffnet mir die Tür, zeigt mir Zimmer, Küche und Dusche und lässt mich kurzerhand allein zurück. So läuft das hier also – Wohnraum ist für alle da!

Als ich am nächsten Mittag das Haus verlasse, deutet schon einiges darauf hin, dass heute ein besonderer Tag ist. Junge wie Alte spazieren entspannt durch das Dorf, während aus einigen Lautsprechern Tschuktschen-Musik ertönt. Auf dem Dorfplatz neben dem Kulturhaus hat man eine Jaranga errichtet. Direkt davor lodern zwei Lagerfeuer, über denen riesige Kessel mit Rentierfleisch erhitzt werden – zwei alte Frauen kümmern sich darum. Dahinter messen sich ein paar Jugendliche im Lassowerfen, eine hölzerne Rentierattrappe dient als Wurfziel. Eine Weile schaue ich dem Treiben zu, dann wage ich einen Blick in das verqualmte Zelt. Ein paar Leute sitzen schon darin und plaudern miteinander. Doch wen sehe ich denn da?! Es ist Marina, kaum zu glauben. Auch sie freut sich, mich zu sehen, und berichtet zu meiner Überraschung, dass die Leute sich erzählen, ich sei von einem Bären gefressen worden …

Von Marina erfahre ich, dass sie am Tag unseres Abschieds noch 30 Kilometer gelaufen ist, ohne dabei auf ein Fahrzeug zu treffen. Erst tags darauf fand sie eine Mitfahrgelegenheit, die sie bis nach Egvekinot mitnahm. Schließlich hörte auch sie zufällig vom Fest und entschied sich für einen spontanen Abstecher nach Amguema. Sie kam gestern mit einem Bus, der zweimal pro Woche verkehrt und heute Abend wieder zurückfahren wird. Während Marina noch von der schönen Lage der Küstensiedlung schwärmt, kümmern sich die zwei alten Frauen um das leibliche Wohl der Anwesenden. Es gibt gekochtes Rentierfleisch, eine Bouillon mit Rentierfett sowie Tee, Brot und allerlei Zugaben. Jeder darf nach Belieben zugreifen, alles ist

Ausgerechnet beim Zeltaufbau setzt wieder kräftiger Regen ein. Alles ist feucht und kalt, unangenehmer geht es kaum. Schnell verkrieche ich mich in den Schlafsack und hoffe auf baldige Wetterbesserung. Doch auch der nächste Morgen empfängt mich mit Regen, gepeitscht von einem stürmischen Nordwind.

besplatno – kostenlos! Unter den Zeltgästen befinden sich Dorfbewohner aus Amguema, Besucher aus Egvekinot und ein paar Touristen aus dem russischen Kernland.

Dann erzählt uns Marina, dass im Kulturhaus ab 13 Uhr traditionelle Tänze aufgeführt werden, und wir wechseln in das Gebäude nebenan. Etwa zweihundert Leute drängen sich im dunklen Saal und schauen gebannt auf die beleuchtete Bühne. Schließlich geht der Vorhang auf und die Tänzer und Sänger des Dorfes lassen mit ihren folkloristischen Einlagen die einzigartige Kultur der Tschuktschen aufleben. Alle Generationen sind an den Darbietungen beteiligt, viele von ihnen in kreativ verzierten Fellkleidern. Am meisten beeindruckt mich jedoch eine Gruppe Moskauer Linguistik-Studenten, die auf der Bühne ein Theaterstück in der Sprache der Einheimischen aufführen. Es ist nicht selbstverständlich, dass sich die Vertreter einer sprachlichen Mehrheit die Sprache einer kleinen Minderheit aneignen. Immerhin soll es in ganz Russland nur 16.000 Tschuktschen geben, von denen 13.000 auf dem Territorium von Tschukotka leben und noch viel weniger tatsächlich Tschuktschisch sprechen. Als ich später mit den Studenten ins Gespräch komme, erzählen sie mir auf Englisch, dass sie bereits das dritte Jahr für einen Monat hergekommen sind, um den Dialekt der hiesigen Bewohner zu studieren. Sie arbeiten mit 40 bis 50 noch Tschuktschisch sprechenden Dorfbewohnern zusammen, der Rest kommuniziert vorwiegend auf Russisch oder beherrscht die Sprache ihrer Vorfahren nur noch bruchstückhaft.

Als der Bus mit Marina und den anderen Besuchern zurück nach Egvekinot fährt, lichten sich die Reihen, und es wird allmählich ruhig im Dorf. Eine Weile noch sitze ich bei den verbliebenen Studenten in der Jaranga und lasse die vielen Eindrücke des Tages auf mich wirken. Dann packe auch ich meine Sachen und fahre am Abend noch ein Stück hinaus in die offene Tundra. Es ist nach wie vor herbstlich frisch, gerade mal 4 °C zeigt das Thermometer, während eine hartnäckige Wolkendecke schon seit einer Woche den Blick zur Sonne verwehrt. Immerhin ist es trocken und nur schwach windig, sodass ich guter Dinge noch bis an den Rand des Küstengebirges fahre, deren tief verschneite Gipfel im Licht der blauen Stunde wie ein paar unbezwingbare Viertausender im Altaigebirge erscheinen. Mit genau diesem Blick stelle ich gegen zehn Uhr abends mein Zelt auf die Kiesböschung eines Flusses, der genau von dort hergeflossen kommt. Es ist eine herrliche Szenerie, die ich noch bis Mitternacht bei offenem Zelt genieße, denn es gibt inzwischen keine Mücken mehr.

EXIT BERINGSEE

Der Tag danach ist mal wieder verregnet, zwischendurch schneit es auch ein wenig. Ich warte bis zum Nachmittag, erst dann entscheide ich mich noch für eine kurze Radetappe und komme noch bis zu dem Pass, hinter dem es schon zum Fjord nach Egvekinot hinabgehen soll. Ausgerechnet beim Zeltaufbau setzt wieder kräftiger Regen ein. Alles ist feucht und kalt, unangenehmer geht es kaum. Schnell verkrieche ich mich in den Schlafsack und hoffe auf baldige Wetterbesserung. Doch auch der nächste Morgen empfängt mich mit Regen, gepeitscht von einem stürmischen Nordwind, dass ich absolut keine Lust verspüre, ins Freie zu gehen. Ich will noch etwas abwarten und schreibe mein Logbuch weiter, da höre ich plötzlich jemanden meinen Namen rufen. Es ist mal wieder Marina, die sich gerade mit einem Fahrzeug so weit wie möglich in die Berge bringen lässt. Im Vorbeifahren hat sie mein Zelt gesehen und den Fahrer gebeten, kurz anzuhalten. Sie erzählt mir, dass in Egvekinot bereits die Sonne scheint, nur hier am 480 Meter hohen Pass sei es bewölkt und regnerisch. Na, dann nichts wie los! Das ist doch genau der Motivationsschub, den ich brauche. Ein letztes Mal verabschieden wir uns, dann steigt Marina in den hellgrauen Kleinbus, und ich baue fix mein Zelt ab.

Ein riesiges Stahltor kennzeichnet den Polarkreis, den ich nun erstmals nach Süden quere.

Mit Rückenwind oder besser „Rückensturm" sause ich nun die letzten Kilometer durch tiefe Schluchten hinab zur Beringsee. Dabei quere ich zum ersten Mal den Polarkreis, der hier mit einem riesigen Stahltor gekennzeichnet ist und ein beliebtes Fotomotiv für jeden hindurchfahrenden Reisenden darstellt – so auch für mich, doch die Sturmböen sind so heftig, dass sie sogar mein abgestelltes Rad umwerfen und ein Foto mit Stativ unmöglich machen. Ich lasse es und fahre einfach weiter. Schließlich taucht der Fjord von Egvekinot auf, über dem sich tatsächlich ein paar Wolkenlücken zeigen. Es ist eine schöne Bucht, umrahmt von hohen Bergen, an deren Hängen sich noch einige Schneefelder vom letzten Winter klammern. Eine kleine orthodoxe Kapelle mit goldpoliertem Zwiebelturm begrüßt mich an der Einfahrt in den Küstenort. Dann passiere ich den Flughafen und erreiche schließlich den gepflegten Stadtkern. Ich bin regelrecht überrascht, dass es hier so farbenfroh, sauber, ja richtig hübsch aussieht. Ganz anders, als ich es von den anderen Städten des russischen Nordens gewohnt bin, in denen oft der Verfall und die Tristesse der Abwanderung zum Vorschein kommt. Auch in Egvekinot haben einst über 5.000 Menschen gelebt, jetzt sind es nur noch um die 3.000, und doch pulsiert hier das Leben. Der Ort scheint nach wie vor eine wichtige Bedeutung zu haben und über das Meer gut versorgt zu sein. Entsprechend einladend wirken auch die Geschäfte und bieten ein breites Produktangebot, wie es sonst nur in den Großstädten des Kernlandes üblich ist. Dieses Hafenstädtchen hat sich merklich rausgeputzt und strahlt wie eine Perle am Ende der Welt.

Genau hier treffe ich nun zum dritten Mal auf Zhenja, der gerade mit seinem hellgrauen *UAZ*-Kleinbus nach Egvekinot zurückkehrt. Unsere erste Begegnung war schon vor zwei Tagen kurz hinter Amguema, unsere zweite vorhin, als er zufällig noch Marina in die Berge brachte. Jedes Mal betonte er, dass ich bei ihm eingeladen bin, sobald ich Egvekinot erreichen würde. Nun macht er Ernst und eskortiert mich ohne Umschweife zu einem Café namens *13 Stul'ev* – übersetzt „13 Stühle". Natürlich ist auch dieses Lokal ein angenehmes, ja fast schon piekfeines, das vom Stil her in eine westliche Großstadt passen würde. Immerhin befinde ich mich schon jenseits des 180. Meridians und damit aus geografischer Sicht in der westlichen Hemisphäre! Wir sind zu dritt, Zhenja hat seinen Kumpel Petr dabei. Zusammen bestellen sie mir etwas zu Essen und fragen mich, ob sie mir irgendwie behilflich sein können. Noch ganz baff von dieser bedingungslosen Gastfreundschaft komme ich etwas zögerlich auf meine geplante Weiterreise zu sprechen und erzähle ihnen, dass ich mit dem Passagierschiff „Sotnikov" über die Beringsee nach Anadyr fahren möchte, das laut Plan vom letzten Jahr alle zwölf Tage verkehrt. Die nächste Abfahrt wäre am 14. August, also morgen. Sie erklären mir, dass man am *Morport*, dem Hafen, ein Ticket besorgen kann, aber dafür sei es schon zu spät. Stattdessen laden sie mich auf eine Hüttenübernachtung in der Tundra ein.

Eigentlich wollte ich noch ans Meer und nicht schon wieder zurück in die Berge, doch so ein Angebot kann ich natürlich nicht ausschlagen. Wir fahren zu Zhenja, verfrachten mein Rad und all mein Gepäck in einen Metallcontainer. Dann machen wir einen Zwischenstopp bei Petr, bei dem wir uns mit Walspeck, Bier und Whiskey schon auf unseren Ausflug einstimmen. Anschließend holen wir einen weiteren Kumpel namens Igor ab, kaufen etwas ein und fahren zu viert in Richtung „Valunistyj". 35 Kilometer brettern wir durch ein tief eingeschnittenes Tal, bis wir schließlich auf eine kaum erkennbare Spur abzweigen, die zum kleinen See Rezervnoe führt. Hier befindet sich die Hütte mit einer rustikalen *Banja*, einer typisch russischen Sauna. Der Holzverschlag ist allerdings schon belegt, zwei Polizisten hatten dieselbe Idee. Man kennt sich, und so geht es auch gemeinsam zur Sache, als Bier, Wein und Wodka auf dem Tisch landen und für

Ankunft in der Küstensiedlung Egvekinot. Schnell finde ich neue Freunde, die mich über Nacht in eine abgelegene Hütte mit Banja einladen.

einen stimmungsvollen Abend sorgen. Im Dunkeln begeben wir uns noch in die beißend heiße Schwitzhütte. Ein paar Aufgüsse halten wir durch, dann springen wir zur Abkühlung in den eiskalten See. Es ist ein herrlicher Abend! Ich fühle mich mal wieder voll integriert – wie auf einer Party, die eigens für mich zum feierlichen Abschluss meiner Tour organisiert wurde.

Ein wenig verkatert machen wir uns am nächsten Morgen wieder auf den Rückweg. Die Sonne scheint und blendet unsere glasigen Augen, während der ungewohnt blaue Himmel einen wunderschönen Kontrast zu den frisch verschneiten Berggipfeln bildet. Endlich mal wieder freundliches Wetter! Von einem Hügel blicken wir auf den Hafen von Egvekinot und checken die Lage. „Die ‚Sotnikov' hätte schon längst da sein müssen", sagt Zhenja. Von dem Passagierschiff ist aber nichts zu sehen, auch nicht auf dem Meer. Wir fahren zum *Morport* und fragen nach, doch auch dort ist man ratlos. Zhenja ruft bei Bekannten in Anadyr an und erfährt, dass das Schiff wegen des stürmischen Wetters gar nicht erst ausgelaufen ist – die Fahrt sei komplett gestrichen! Die nächste Gelegenheit würde sich damit erst am 26. August ergeben – zu spät für mich, da am Tag danach bereits mein Visum ausläuft. „Was ist mit den Kohleschiffen?", frage ich Zhenja. „Keine Chance, Touristen dürfen auf solchen Schiffen nicht mitfahren, offiziell ist es verboten", versichert er mir. „Okay, dann muss ich wohl fliegen."

Kaum habe ich diese Schlussfolgerung ausgesprochen, ruft Zhenja schon im Flughafen an. Dort erklärt man ihm allerdings, dass es bis in den September hinein keine Tickets mehr gibt, die Flüge seien komplett ausgebucht. Aber: Erfahrungsgemäß gebe es immer ein paar frei werdende Plätze, man müsse nur vor Ort sein, um sie zu ergattern. „Wir sollten es gleich morgen probieren, fünfmal pro Woche hebt ein Flieger nach Anadyr ab", sagt Zhenja. Just fällt mir ein, dass man mich dort bestimmt nach meinem Propusk für Tschukotka fragen wird. Da das Dokument aber noch beim FSB in Anadyr liegt, fahren wir erst einmal zur Migrationsstelle, um es faxen zu lassen.

Ja, auch für Tschukotka benötigt man eine Sondergenehmigung des russischen Geheimdienstes FSB. Diesen Propusk zu bekommen war das Schwierigste überhaupt, um diese Reise Wirklichkeit werden zu lassen. Denn Tschukotka ist aufgrund der Nähe zu den USA die am strengsten bewachte Grenzzone Russlands, in der man jeglichen Individualtourismus zu unterbinden versucht. Ganze vier Jahre habe ich um diese Genehmigung gekämpft, bin immer wieder neue Wege gegangen, um sie als Alleinreisender ohne Guide und Knebelverträge zu bekommen. Es braucht nämlich immer eine Person oder Institution vor Ort, die Verantwortung für den fremden Reisenden übernimmt, vor allem, wenn man ein Ausländer ist. Das ist auch der Hauptgrund, warum es nur so wenige Individualtouristen nach Tschukotka verschlägt.

Ich blieb aber hartnäckig, und bei meinem vierten Anlauf gelang es mir, einen passenden Kontakt herzustellen. Zufällig las ich Anfang Mai 2017 auf einer tschukotkischen Webseite von einer Fotoexpedition des bekannten deutschen Fotografen Markus Mauthe, der mit dem Filmemacher Simon Straetker im winterlichen Tschukotka unterwegs war. Ich schrieb Markus daraufhin an und bat ihn um einen Hinweis, wie er den Propusk für Tschukotka organisiert hat. Freundlicherweise leitete er meine E-Mail umgehend an seinen Guide Michail Rezjapkin weiter, der sich prompt bereit erklärte, mir zu helfen, was er dann auch ein Jahr später tat – aus reiner Sympathie, ohne dafür eine Gegenleistung zu erwarten! Er hat für mich die unmittelbare Kommunikation mit dem FSB Tschukotka übernommen, den Antrag und etliche Dokumente eingereicht, Zwischenstände zur Bearbeitung durchgegeben und vor allem Hoffnung gemacht. Offenbar hilft es, persönliche Referenzen zu haben, die das Vertrauen fördern, denn Michail hielt bereitwillig seinen Kopf für mich hin. Er schien darauf zu vertrauen, dass ich weiß, was ich tue, und mich an die Regeln halten werde – obwohl wir uns persönlich nie kennengelernt haben und auch keinerlei Geschäftsbeziehungen eingegangen sind. Diesem Mann gilt daher mein großer Dank, ohne ihn wäre ich nie so weit gekommen!

Doch allein damit war es nicht getan, denn das letzte Wort lag immer noch beim FSB, der sich lange nicht zurückmeldete – weder bei mir noch bei Michail. Zudem hatte man wie beim Tscherskij-Propusk die Unvereinbarkeit meiner touristischen Reise mit dem geschäftlichen Visum bemängelt. Doch zwei Tage vor meiner Abreise bekam ich dann von Michail die unverhoffte Nachricht, dass meine Genehmigung ausgestellt wurde: *Dein Permit ist fertig. Willkommen in Tschukotka!* Allerdings ohne das Dokument als Nachweis, da ein solches in der Regel nur vor Ort abgeholt oder per Kurier verschickt werden kann. Ich machte mich trotzdem auf den Weg, denn ich hatte ja immerhin den Tscherskij-Propusk als Eintrittskarte in den arktischen Norden – mit diesem konnte ich unbehelligt an den Startpunkt der Tour gelangen. Und weil die harte Grenzpolitik Tschukotkas im Grunde nur die Küstensiedlungen betrifft, bin ich auf dem kompletten Inlandsweg von Anjujsk bis Egvekinot nicht ein einziges Mal kontrolliert worden. Aber hier in Egvekinot ist nun zu erwarten, dass ich zum ersten Mal meinen Propusk vorlegen muss. Also begebe ich mich direkt in die Höhle des Löwen, um die Angelegenheit zu klären, bevor sie mir auf die Füße fällt.

Im Büro der Migrationsstelle empfängt mich eine freundliche Dame, die an ihrem Schreibtisch aufmerksam meinen Schilderungen folgt. Ich erkläre ihr, dass ich eine Genehmigung habe, diese aber noch in Anadyr liegt – mit der Bitte, dort anzurufen, um mir eine Kopie rüberzufaxen. Nach einigem Hin und Her aufgrund meiner schlechten Russischkenntnisse erkundigt sie sich schließlich beim FSB, bekommt aber als Antwort, dass ihnen kein Dokument vorliegt. Das kann nicht sein! Ich insistiere, und die Dame versichert mir, dass sie danach suchen werden und es morgen faxen. „Kommen Sie um neun Uhr ins Büro der Grenzbehörden, um sich zu registrieren." Von Zhenja erfahre ich, dass der Flieger, den wir erwischen wollen, schon zwei Stunden später abheben soll – das wird ein knackiger Zeitplan …

Trotz dieses Umstands möchte ich es mir aber nicht nehmen lassen, die letzte Nacht an der Küste der Beringsee zu verbringen. Das Wetter ist gerade ideal, um der Tour einen würdigen Abschluss zu geben. Und so fahre ich am Abend noch bis zum Kap Opasnyj, um an einem ruhigen Ort abseits des Hafenstädtchens mein Zelt aufzuschlagen. Eine einfache Schotterpiste führt mich über ein paar Anhöhen direkt zum offenen Meer, der schieren Unendlichkeit des stillen Ozeans entgegen. Befreiend wirkt der Blick in die Weite und gibt mir das Gefühl, endlich angekommen zu sein. Als ich den Kiesstrand am Kap erreiche, dämmert es bereits. Ein sanftes Blau hat sich über die schroffen Klippen der malerischen Steilküste gelegt. Möwen kreischen und Robben blöken, gelegentlich taucht auch ein neugierig blickender Kopf aus dem Wasser. Ansonsten ist es unheimlich still, kein Lüftchen weht! Nach dem wilden Getöse des stürmischen Vortages zeigt sich die Beringsee nun verblüffend ruhig, einzig die schwache Dünung erinnert daran, dass das Meer nie gänzlich schläft. Kleine Wellen schaukeln sich auf und werfen sich in unregelmäßigen Abständen auf den kiesigen Strand. Ich schöpfe etwas Meerwasser, verdünne es mit meinem letzten Bachwasser aus den Bergen und koche mir noch eine Nudelsuppe. Dann verkrieche ich mich ins offene Zelt und lausche dem beruhigenden Rauschen der Brandung – bis ich irgendwann zufrieden ins Reich der Träume sinke.

Finale Übernachtung an der stillen Beringsee.

Mit Zhenja und Petr am Flughafen. Mein Abschied von Tschukotka ist gekommen …

Schhhhh – Schhhtschhhhhh … Es ist immer noch das sanfte Geräusch der Dünung, das mich am Morgen zurück ins Bewusstsein holt. Zufrieden und innerlich erfüllt blicke ich direkt aus dem Zelt auf die immer noch stille See. Die Sonne strahlt von einem stahlblauen Himmel herab und gibt der kargen Küstenlandschaft ein liebliches Gesicht. Bei diesem Licht, bei diesem Wetter, verspüre ich auf einmal den starken Wunsch, meine Tour an genau dieser Stelle fortzusetzen. Der Ozean scheint zu flüstern: Komm, zieh weiter, deine Reise ist noch nicht vorbei, hier warten neue Abenteuer auf dich! Aber für solche Experimente ist jetzt leider keine Zeit mehr, es bleibt eine Träumerei.

Ein Blick auf die Uhr verrät, dass ich mich beeilen muss, also packe ich rasch zusammen und fahre zurück nach Egvekinot. Als ich das Büro der Grenzbehörden erreiche, ist es schon Viertel vor zehn, und niemand ist mehr da. Also schaue ich noch mal an der Migrationsstelle vorbei, um wenigstens den Propusk abzuholen. Doch dann erfahre ich, dass das Dokument noch immer nicht gefaxt worden ist. Wozu also die Eile? Ich besuche noch einmal Zhenja, wir trinken einen Kaffee. Dann ein Anruf: Der Propusk ist da! Ich renne rüber in die Migrationsstelle, doch bevor ich sie erreiche, fängt mich die örtliche Miliz ab. Sie nehmen mich mit in das Polizeigebäude und kontrollieren meinen Pass. Natürlich wollen sie auch den Propusk sehen, doch der ist noch im Büro der Migration, ich konnte ihn ja noch nicht abholen … Jetzt rufen die Polizisten dort an, und eine Frau bringt das gefaxte Papier persönlich rüber. Alles wird gründlich überprüft, dann bin ich wieder entlassen. Ich gehe zurück zu Zhenja, werde direkt vor seinem Haus aber nochmals von einem Grenzschutzbeamten kontrolliert – schon irre, was für eine Lawine ins Rollen kommt, sobald sich herumspricht, dass ein Ausländer im Ort ist. Ich sehne mich schon wieder zurück in die Tundra, denn dort, im unbesiedelten Landesinneren, da hat man noch seine Ruhe, nur dort scheint es sie zu geben: echte Freiheit!

Nun scheint aber alles geklärt zu sein, den heutigen Flieger nach Anadyr habe ich allerdings verpasst. Doch dann meint der Grenzschutzbeamte, dass am Nachmittag noch eine zweite Maschine abheben soll. Also ab zum Flughafen und am Ticketschalter nachgefragt – es stimmt! Das Ticket kann ich aber erst kaufen, wenn es kurz vor Abflug noch Kapazitäten gibt. Nun bereite ich schon alles vor, demontiere mein Rad, verpacke meine Ausrüstung in die zwei großen Rucksäcke und nehme Abschied von meinen neuen Freunden. Alle sind sie noch einmal gekommen: Zhenja, Petr, Igor, ja sogar die zwei Polizisten vom *Banja*-Abend in der Tundra.

Und dann geht alles ganz schnell: Ich bekomme grünes Licht, dass ich mitfliegen darf, kaufe das Ticket, bezahle das Übergepäck, gehe durch die Passkontrolle in die Wartehalle und kurz darauf zu Fuß über das Rollfeld zum Flieger. Es ist eine kleine amerikanische Propellermaschine mit 14 Sitzplätzen, Passagiere gibt es aber nur sieben, also alles entspannt. Warum das nicht vorher schon klar war? Gerade als ich in das Flugzeug einsteigen will, ruft mir noch ein Unbekannter vom Flughafenpersonal zu und reicht mir zwei riesige tiefgefrorene Saiblinge die Treppe hinauf: „*Podarka* – ein Geschenk für dich." Schweren Herzens muss ich ablehnen, denn der Fisch würde auftauen und verderben, noch bevor ich damit etwas anfangen könnte. Doch der Mann winkt entschlossen ab, Geschenk ist Geschenk – eine Geste, die geradezu symbolhaft ist für den Menschenschlag des russischen Nordens. Ich werde sie vermissen, diese aufgeschlossenen und hilfsbereiten Leute. Sie sind es, die meinen Abenteuertrips immer wieder das gewisse Etwas geben und mich jedes Mal daran erinnern, wie unbefangen wir Menschen aufeinander zugehen können.

Während meines Umstiegs in Anadyr bekomme ich noch ein Polarlicht zu sehen.

Schließlich setzt sich die kleine Maschine in Bewegung und steigt in die Luft. Bei schönstem Spätsommerwetter überfliegen wir Egvekinot und das Kap Opasnyj. Das Cockpit im Flieger ist offen, man kann direkt aufs Radar der Piloten schauen. Die meiste Zeit aber klebe ich an der Fensterscheibe und blicke fasziniert auf die vorbeiziehende Küstenlandschaft der Beringsee. Etwas wehmütig lasse ich den Schlusspunkt meiner Reise hinter mir und ziehe unweigerlich Bilanz. Fast zwei Monate war ich im hintersten Zipfel Russlands unterwegs, fuhr quer durch das Landesinnere Tschukotkas. Mit Bike und Boot schlug ich mich von den Kolyma-Sümpfen bis zur Beringsee durch, ganze 1.500 Kilometer auf eigene Faust bis ans gefühlte Ende der Welt. Doch das sind nur die Zahlen und Fakten, die den Rahmen der Unternehmung ausmachen. Das, was ihn ausfüllt und diese Reise zu etwas Besonderen macht, sind die unvergesslichen Eindrücke und Erlebnisse, die sich zwischen Start und Ziel ergeben haben. Und dazu gehören vor allem auch die zufälligen Begegnungen, denn dieses Mal waren einige sehr außergewöhnliche dabei, die ich nie vergessen werde.

Während die Tschuktschen-Halbinsel allmählich am Horizont verschwindet, schweife ich in Gedanken zu den großen Abenteuern, die sich in diesem Gebiet noch immer abspielen oder bereits abgespielt haben. Ich frage mich, ob das Tramperpaar Jana und Sergej tatsächlich auf einen selbst gebauten Katamaran gestiegen und an die Eisbärenküste gefahren ist? Werden sie es schaffen, wohlbehalten an die Beringstraße zu gelangen und es dann noch wagen, nach Alaska überzusetzen? Und was ist mit Marina? Wird sie ihren langen Marsch zum östlichsten Punkt Tschukotkas durchhalten? Wie ist das Gelände, die Natur, das Wetter auf dieser Etappe? Und wie steht es um Njurgun, den ich während meines Zwischenstopps in Jakutsk leider nicht mehr persönlich kennenlernen konnte? Werde ich je herausfinden, was ihn die vielen Jahre zu diesem wahnwitzigen Bikerafting-Trip von Jakutsk bis an die Beringstraße getrieben hat? Es sind vor allem ihre Geschichten, die mich auf dieser Reise berührt und beschäftigt haben, die irgendwie alle miteinander verbunden sind und meine eigene in einem anderen Licht erscheinen lassen. Ich habe mich an neue Grenzen vorgewagt und wieder einmal erkennen müssen, dass andere noch viel weitergehen. Und dass es die eigenen Erfahrungen sind, die den Maßstab setzen für das, was wir für absolut verrückt oder einfach nur für gut durchdacht halten. Mit jedem Schritt, den wir uns hinauswagen, verschiebt sich auch der eigene Horizont. Was jenseits davon liegt, erscheint uns nur so lange unvorstellbar, bis wir in der Lage sind, es mit eigenen Augen sehen.

EPILOG: WAS WURDE AUS …?

Als ich nach einer viertägigen Flug-Odyssee mit Umstiegen in Anadyr, Magadan, Jakutsk und Moskau wieder zurück in Berlin bin, versuche ich natürlich, Antworten auf all meine Fragen zu bekommen. **Jana und Sergej** sind die Ersten, zu denen ich etwas in Erfahrung bringen kann: Sie waren schon am 22. Juli in Egvekinot angekommen – zu einer Zeit, als ich mich noch im Paljavaam-Tal mit umherstreunenden Braunbären „anfreundete". Im Dorf Amguema bauten sie dann ihren Katamaran zusammen, wobei sie für das Tragdeck auf das Holz alter Fensterrahmen und Türpfosten zurückgreifen mussten. Am 29. Juli begaben sie sich dann aufs Wasser und fuhren den Fluss Amguema zur Tschuktschensee hinab. Bis sie das Walfängerdorf Vankarem erreichten, vergingen neun Tage, starker Wind zwang sie immer wieder, länger zu pausieren, während „Horden von Eisbären" die Küste entlangzogen. Schließlich eine neue Meldung aus dem Dorf Intschoun, in das sie am 19. August einliefen: *Es gab gruselige zwei Meter hohe Wellen und starken Gegenwind; Dutzende Eisbären schwärmten aus, wanderten die Küste entlang und fraßen die Kadaver von Walrossen und Walen.* Doch schon am Tag danach beruhigt sich das Wetter, und drei Tage später lese ich, dass sie bereits in Alaska sind! Das Wetter war ihnen zufällig wohlgesonnen, bei spiegelglatter See und absoluter Windstille wagten sie sich kurz entschlossen aufs offene Meer und navigierten 14 Stunden nonstop durch den kalten Seenebel bis ans Kap Prince of Wales. Sie haben es geschafft – auf einem selbst gebauten Katamaran mit 2-PS-Motor. Auf so eine ungewöhnliche wie verwegene Weise hat wohl noch niemand die 90 Kilometer breite Meerenge überquert …

Natürlich bleibt dieser illegale Grenzübertritt nicht ohne Folgen, denn für die Grenzbehörden von Tschukotka ist er wie ein Schlag ins Gesicht. Der FSB vermutet eine Verbindung zum amerikanischen Geheimdienst und verhört alle Verwandten und Freunde von Sergej. Erst als ihnen klar wird, dass sie tatsächlich nur „verrückte" Reisende sind, schicken sie ein Auslieferungsersuchen an die Staaten, doch in den USA ist illegaler Grenzübertritt nur eine Ordnungswidrigkeit, und so bekommen sie in Nome ohne Weiteres ihre Einreisestempel auf die amerikanischen Visa und dürfen ihre Reise fortsetzen. Im Eskimodorf Unalakleet, das sie am 7. September erreichen, lassen sie nach 41 Tagen und 1.300 Kilometern ihr Floß schließlich zurück und begeben sich entlang des Yukon ins Landesinnere. Sie queren Alaska, Kanada, den Westen der USA, kommen durch Mittelamerika, passieren den berüchtigten Darién Gap in Panama, gelangen über diesen nach Südamerika und folgen den Anden bis nach Feuerland, wobei sie mit ihrem Endpunkt Ushuaia gewissermaßen das zweite Ende der Welt erreichen. Dort finden sie im März 2020 ein Segelboot, mit dem sie als Nächstes nach Afrika übersetzen wollen, doch dann zwingt sie der Beginn einer weltweiten Viruspandemie mitten auf dem Atlantik zur Umkehr – sie schippern zurück nach Brasilien,

Mit ihrem selbstgebauten Katamaran überqueren Jana und Sergej tatsächlich noch die Beringstraße. Von Alaska trampen sie weiter bis nach Südamerika.

wo sie nach zwei Jahren ihre Weltumrundung beenden. Während sich Sergej entscheidet, zurück nach Russland zu gehen, bleibt Jana in Amerika[10].

Von **Marina** gibt es zunächst keine Meldungen, sie streift wochenlang durch die unbesiedelte Tundra – ohne Möglichkeit, ein Lebenszeichen zu hinterlassen. Ende August lese ich jedoch auf ihrer Facebook-Seite, die während ihrer Abwesenheit von ihrer Freundin Nina Micheeva und Juri Kapasev betreut wird, dass der Grenzschutz im Küstendorf Lorino Flugblätter verteilt hat, in denen die Einheimischen aufgefordert werden, Begegnungen mit Marina unverzüglich zu melden. Nach der erfolgreichen „Flucht" von Sergej und Jana befürchtet man nun, dass sich eine derartige Lappalie wiederholen könnte, doch fürs Erste scheint Marina unauffindbar zu bleiben, obwohl sie tatsächlich von einzelnen Personen gesichtet und gemeldet wird. Erst am 13. September, etwa drei Tagesmärsche vor ihrem Ziel, gerät sie in die Fänge des Grenzschutzes, der sie bei einem Helikopterflug zufällig in der Tundra kampieren sieht und kurzerhand mit nach Lavrentija nimmt, wo sie vorübergehend festgenommen und verhört wird. Es klärt sich jedoch schnell auf, dass Marina keine Ambitionen hat, nach Alaska überzusetzen, der Leiter der Grenzschutzabteilung entschuldigt sich sogar bei ihr, doch auf eine offizielle Erlaubnis, ihre Reise fortsetzen zu dürfen, wartet sie vergeblich. Eine Woche hält sie es aus, repariert ihr Zelt, das beim Helikopteranflug zerrissen wurde, dann stiehlt sie sich heimlich davon. Sie geht zurück zum See Koolen', an dem sie gegen ihren Willen eingesammelt wurde, um von dort ihre ursprünglich geplante Route zu vollenden. Auf ihr Boot verzichtet sie jetzt, um weniger aufzufallen, wandert wie eine Partisanin unerkannt über die Hügelketten und erreicht schließlich am 24. September erschöpft, aber überglücklich den lang ersehnten Leuchtturm am Kap Dezhnev.

Trotz zwischenzeitlicher Proviantsorgen und einer unerwarteten „Entführung" gelingt es Marina, die gesamte Strecke bis zum Kap Dezhnev zurückzulegen.

Wie ich später noch aus ihren Videoberichten erfahre, war Marina auch zu dieser beschwerlichen 700 Kilometer langen Etappe mit einem über 30 Kilogramm schweren Rucksack gestartet, in dem sich allerdings nur 10 Kilogramm Proviant befanden. Sie spekulierte darauf, unterwegs Menschen zu treffen, doch bis dahin war sie ganze 19 Tage völlig auf sich allein gestellt. Beinahe hätte sie einen Abstecher nach Lorino machen müssen, doch dann kam es wiederholt zu Begegnungen mit Fischern und Rentierhirten, nebenbei auch mit etlichen Braunbären, die ihr manchmal sehr nahe kamen. Mit dem Wetter hatte sie großes Glück, denn trotz der fortgeschrittenen Jahreszeit war es oftmals sonnig, trocken und ungewöhnlich mild, sodass der farbenfrohe Herbst stets mit wundervollen Impressionen einherging; und auch das Gelände der Tundra erwies sich als insgesamt gut begehbar. Dieses außergewöhnliche Abenteuer sollte aber nicht ihr letztes bleiben, und so zieht sie auch mit über 50 Jahren wiederholt los, um sich neuen Herausforderungen zu stellen, die sie als Nächstes ins Werchojansker Gebirge, durch Taimyr und erneut über den Suntar-Chajata führen[8] …

Als ich im September **Njurgun** von meiner erfolgreichen Tschukotka-Durchquerung schreibe, ist er immer noch irgendwo in den Bergen Jakutiens und antwortet mir direkt aus seiner Geologen-Basis. Er zeigt sich genauso interessiert an meinen Erlebnissen wie ich immer noch an seinen, doch einen ausführlichen Bericht zu seinem unglaublichen Bikerafting-Abenteuer, das ihn über mehrere Jahre hinweg von Jakutsk bis an die Beringstraße führte, kann ich ihm auch später nicht entlocken. Seine Route hat er nie vollständig beschrieben, er äußerte sich nur in Fragmenten an unterschiedliche Personen, sodass seine vollbrachte Leistung fast schon einer Legende gleicht, die man sich erzählt, aber nirgendwo konkret nachlesen kann. Njurgun bleibt damit ein Mysterium, genauso wie sein Vater Kliment Efremov, der in Jakutien eine bekannte und außergewöhnlich begabte Persönlichkeit gewesen ist: als Geograf, Ozeanologe, Journalist, Linguist, Taucher, Bergsteiger und Extremläufer.

Zufällig stieß ich auf einen Bericht zu seinem Verschwinden im Jahre 2000, als er im Alter von 60 Jahren das „Treffen der Jahrtausende" mit einem Ultramarathon von Magadan bis zur Beringstraße zelebrieren wollte, optional sogar mit einer Verlängerung bis Anchorage in Alaska – auf einer rund 4.000 Kilometer langen Route durch größtenteils weglose Wildnis! Schon im Jahr zuvor bewies er, dass er zu Leistungen jenseits des Vorstellbaren in der Lage war, denn da lief er vollkommen auf sich gestellt und den Berichten nach in nur vier Wochen die rund 2.000 Kilometer lange Kolyma-Trasse von Jakutsk nach Magadan. Als er jedoch zu seiner zweiten Etappe zum Kap Dezhnev aufbrach, die er in nur zwei Monaten bewältigen wollte, verschwand er unerwartet, noch bevor er richtig in die Wildnis eintauchen konnte, und zwar auf dem letzten Fahrweg hinter Omsuktschan. Ein Jahr lang wurde nach ihm gesucht, doch es konnten keinerlei Spuren gefunden werden. So kam es, dass Njurgun den Plan seines Vaters aufgriff und einige Jahre später auf seine Weise – mit Fahrrad und Kajak – die Route zum Kap Dezhnev vollendete. Dabei versuchte er unterwegs in Gesprächen mit den Einheimischen, auch Informationen über seinen Vater zu bekommen, doch sein Verschwinden konnte bis heute nicht aufgeklärt werden. Es war also das Schicksal von Kliment Efremov, das ihn zu dieser außergewöhnlichen Unternehmung angetrieben hatte[11]. Weitere Touren sind nicht bekannt, aber vielleicht taucht ja irgendwann wieder etwas auf, wenn andere von Njurguns Unternehmungen berichten[3] …

Wie Njurgun es schaffen konnte, den weglosen Süden Tschukotkas mit dem Fahrrad zu bezwingen, bleibt mir ein Rätsel …

DANKSAGUNG

Wie die Reise, so das Buch – ohne die Unterstützung Außenstehender wäre vieles nicht möglich. Daher möchte ich abschließend noch ein großes Dankeschön aussprechen an …

… die Lektoren Stephanie Jaeschke und René Stein für die tolle Zusammenarbeit, die mich schon während des ersten Buchprojekts begeistert und schließlich zu diesem zweiten Werk animiert hat;

… die Korrekturleser Dirk Bauer, Stephanie Wegler, Jenny Brachmann, Karin Löwenherz, Kseniia Boxleitner (Expertin Pleistozän Park) und Steffen Graupner (Experte Tschukotka) für das wertvolle Feedback während des Schreibens;

… Dimitri Vayner und Tatjana Potschaeva für die umfangreiche Übersetzung einiger Videos aus Marina Galkinas Youtube-Kanal;

… Njurgun Efremov, Marina Galkina, Jana Lebedechina & Sergej Lekaj, Timur Achmetov, Zinaida Nikolaeva, Ivan Barkov, Diana Popova, Frank Kienast, Mike Loranty, Steffen Graupner und Leavinghomefunktion für die ergänzenden Fotos, mit denen ich auch einige der im Fluss versenkten Motive ersetzen konnte;

… Familie Nikolaeva (Jakutsk), Familie Zimov (Tscherskij), Maks Koroschtsch (Bilibino) und Evgeni Bulasch (Egvekinot) für ihre bedingungslose Gastfreundschaft;

… Michail Mestnikov und Michail Rezjapkin für die Beschaffung des Tscherskij- und Tschukotka-Permits;

… Wechsel Tents (www.wechsel-tents.de) und Anfibio Packrafting Store (www.packrafting-store.de) für die langjährige Kooperation auf Freundschaftsbasis;

… Dimitri Kosatsch aus Belarus für die vielen bedeutsamen Hinweise aus dem russischen Internet – von ihm kam auch die Inspiration, im Sommer nach Tschukotka zu reisen;

… und schließlich noch ein Dank an all jene, die meine Leidenschaft für derartige Unternehmungen teilen, unterwegs mit mir mitfiebern oder hinterher meine Vorträge besuchen – euer Interesse hat mich dazu bewogen, meine Reisegeschichten einem breiten Publikum zugänglich zu machen.

ANHANG

[1] Timur Achmetov & Cesary Bugajczyk (Radtour Egvekinot–Pevek 2006): timurakhmetov.com/tag/velo (Berichte von Timur), www.gorskiswiat.pl/inneswiat/trans_czukotka/trans_czukotka.php (Bericht von Cesary)

[2] Maciej Swinarski & Team (Motorradtour Magadan–Anjujsk–Egvekinot 2009): www.advrider.com/f/threads/3-x-ktm-go-east.239330/page-79 (Tourbericht ab Anjujsk), www.motosyberia.com/beyondmagadan.php (Route)

[3] Njurgun Efremov (Bikeraftingtour Jakutsk–Magadan–Uelen 2006-2013): nexusexpeditions.blogspot.com/2010/03/nyurgun-efremov.html

[4] Anatoli Kotschnev (Vermeidung von Konflikten mit Eisbären): panzer-bjorn.livejournal.com/37273.html

[5] Pleistozän Park: pleistocenepark.ru/de/ (offizielle Webseite), www.arte.tv/de/videos/078777-000-A/sibirien-die-helden-der-urzeit/ (arte-Reportage von 2017)

[6] Juri Kapasev (Rad fahrender Geologe aus Pevek): kapasev.livejournal.com

[7] Künstlergruppe Leavinghomefunktion (Motorradtour Magadan–Anjujsk–Bilibino 2016): www.leavinghomefunktion.com

[8] Marina Galkina (Wildnisreisende aus Moskau): www.youtube.com/@user-dm1zi9gx8i
Buch zur Tschukotka-Querung 1998 (Anadyr–Billings): Марина Галкина (2002): Одна на краю света royallib.com/book/galkina_marina/odna_na_krayu_sveta.html (nur auf Russisch erschienen, auf Deutsch: Marina Galkina: Allein am Ende der Welt)

[9] Timur Achmetov & Cesary Bugajczyk (Trekkingtour Tschaantalgebirge 2006): timurakhmetov.com/voshozhdenie-na-chaantal.html

[10] Sergej Lekaj & Jana Lebedechina (Katamarantour Tschukotka–Alaska 2018): zeka.su/supermans/lekay/

[11] Kliment Efremov (Ultramarathon Jakutsk–Magadan–Uelen 1999/2000): yakutiamedia.ru/news/824760/

Ergänzende Links:

- Aleksej Erastov (Radtour Egvekinot–Pevek mit Hund 2016): www.marshruty.ru/travel/velochukotka/
- Pavel Tarasov & Vasilij Sergeev (Bikeraftingtour Pevek–Iul'tin–Egvekinot 2019): photopoxod.ru/chukotka2019
- Dmitri Abdugafarov & Konstantin Kaskaev (per Anhalter nach und durch Tschukotka 2018): perito.media/posts/chukotka-guide

Bibliografische Information der Deutschen Nationalbibliothek
Die Deutsche Nationalbibliothek verzeichnet diese Publikation in der Deutschen Nationalbibliografie; detaillierte bibliografische Daten sind im Internet über http://dnb.dnb.de abrufbar.

1. Auflage 2023
ISBN 978-3-667-12761-7

Text und überwiegende Fotos: Richard Löwenherz
Ergänzende Fotos von Marina Galkina (Cover, S. 14 oben, 76 unten rechts, 134 oben links, 157 obere drei); Steffen Graupner (S. 13); Njurgun Efremov (S. 14 unten, 17, 20, 157 untere zwei); Ivan Barkov (S. 23, 26 unten rechts); Zinaida Nikolaeva (S. 26 oben, unten links); Frank Kienast (S. 31, 33, 36 oben links beide, 43 oben links); Diana Popova (S. 36 oben rechts); Mike Loranty (S. 36 unten); Leavinghomefunktion (S. 56 oben beide); Maks Koroschtsch (S. 56 unten rechts); Natalja Rakitina (S. 61 Mitte rechts); Sergej Lekaj/Jana Lebedechina (S. 76 oben rechts, 155); Timur Achmetov (S. 101 Mitte, unten)
Kartografie: Andrea Perkons
Lektorat: René Stein, Stephanie Jaeschke, Andrea Clages
Umschlaggestaltung: Felix Kempf, www.fx68.de
Layout: Felix Kempf, Christine Rölke
Gesamtherstellung: Die Werkstatt Medien-Produktion GmbH, Göttingen
Printed in Europe

Das Wegenetz Tschukotkas, dargestellt in der vorderen Karte, geht auf die Recherchen des Autors zurück. Die Kartierung erfolgte nach bestem Wissen, aber ohne Gewähr.

Delius Klasing Verlag GmbH, Siekerwall 21, D-33602 Bielefeld
Tel.: 0521/559-0, Fax: 0521/559-115
E-Mail: info@delius-klasing.de
www.delius-klasing.de

MIX
Papier | Fördert gute Waldnutzung
FSC® C084698